教科書
要点

ズバっ

ニューホライズン
基本文・基本表現

1年

東京書籍

もくじ

【動作環境】
・インターネットに接続されていること。
　＊インターネット接続に伴う通信費は利用者のご負担となります。
・Android 5.1以降 ＋ Google Chrome ／ iOS9 以降 ＋ Safari ／
　iPadOS ＋ Safari
　＊「QRコード」は㈱デンソーウェーブの登録商標です。
　＊「Android」は，Google LLC. の商標です。
　＊「iOS」「iPadOS」は，Apple Inc. の商標です。

★QRコードを使った音声学習について
【使い方】
・スマートフォンなどで右のQRコードを読み取ります。
・教科書と本書で取り上げている「Key Sentence」の音声を，各Unitの番号順に聞くことができます。
・英語の音声のみが流れます。文章は出ません。

● はじめに

　この本は，東京書籍版教科書『NEW HORIZON English Course 1』のUnit
とLet's Talk，Let's Writeに出てくる基本文・基本表現（Key Sentence）などを，
しっかり身につけるために作られているよ。要点を整理して，基本文・基本表現
を「ズバっ！」と自分のものにしてしまおう。

〉本書の基本構成〈

解説①	基本文と基本表現の解説。図解を使った解説で文の構造を理解しよう。
CHART & CHECK	まとめて覚えるべきことは，表を使ってばっちり覚えてしまおう。
重要表現	教科書の該当パートの重要表現などをチェックしよう。
Key Sentenceチェック	基本文の暗唱用例。何度も口に出して覚えてしまおう。
これが出る！ 定期テスト対策	テストなどの前には，この定期テスト対策に取り組んで，自分の理解度を確認しておこう。

★暗記フィルターの使い方
赤色で印刷された部分に，付属の暗記フィルターを
のせると，文字が見えなくなるよ。大切な部分をか
くして，効率よく学習しよう！

Part 1 自分について伝えよう

Key Sentence

① I **am** Meg Brown.
② I **like** Japanese food.

① 私はメグ・ブラウンです。
② 私は日本食が好きです。

解説① ▷ I am ....（私は…です。）という言い方

・自分のことを説明するときは，I am ....の形を使う。

I am Meg Brown . （私はメグ・ブラウンです。）

主語 be動詞 主語を説明する情報 → I ＝ □ の関係

・amのように，主語とそれを説明する語句をつなぐ動詞をbe動詞という。

・I amは，よく縮めてI'mと言う。

・「私は」を意味するIという語は，常に大文字で書く。

●日本人の名前の言い方

日本人の名前の言い方は，①「姓＋名」の順，②「名＋姓」の順の2通りある。教科書では①を使っている。

例 斉藤朝美　Saito Asami

●文を書くときの注意

文を書くときは，次のことに注意する。

語と語の間はあける

↓　　↓　　　　↓文の終わりにはピリオド(.)をうつ
I am Koichi.
↑　　　↑人の名前のはじめは大文字で書く

文のはじめは大文字

解説② ▶ **I like ....（私は…が好きです。）という言い方**

- 「私は…が好きです」という状態を言うときは，I like ....を使う。
  「私は…を飲みます」という動作を言うときは，I drink ....を使う。
  このような動作や状態を表す語を一般動詞という。一般動詞のあとには，その対象となる語を続ける。

  「…が好きです」　I like ┃Japanese food┃.（私は日本食が好きです。）
  　　　　　　　　　　　　↑好きなもの
  「…を飲みます」　I drink ┃green tea┃.（私は緑茶を飲みます。）
  　　　　　　　　　　　　↑飲むもの

注意！ ▶ be動詞（am, are, is）と一般動詞（like, drinkなど）がいっしょに使われることはない。

　　　　　［×］　I <u>am like</u> music.　　［○］　I like music.

重要表現 ••教科書p.12～p.13

◆**Call me ....**　私を…と呼んでください。

自己紹介のときによく使う表現。

Call me Ken.（私をケンと呼んでください。）

◆**I'm from ....**　私は…出身です。

fromは「…から，…出身の，…に由来する」という意味で，「出所・起源・由来」を表す。

　　　　　┌国名・地名のはじめは大文字
I'm from ↓Hokkaido.（私は北海道出身です。）

◆**Japanese**　日本の

Japanは国名「日本」，Japanese ...は「日本の…」という意味。

I like Japanese food.（私は日本食が好きです。）

◆**often**　しばしば，よく

ひん度（どれくらいよく）を表す語。

I often drink tea.（私はよくお茶を飲みます。）

◆, too　…も

つけ足すときに使う語。話の流れによって，何を「…も」と言うか
が異なるので注意。

I drink tea, <u>too</u>.

　　　　　　↑「…も」という表現

（私もお茶を飲みます。／　私はお茶も飲みます。）

Key Sentenceチェック

★Key Sentenceの用例を覚えよう。

□1.　I am Takuya.

　　　私はタクヤです。

□2.　I'm Saito Asami.

　　　私は斉藤朝美です。

□3.　I'm from Okinawa.

　　　私は沖縄出身です。

□4.　I'm thirteen.

　　　私は13歳です。

□5.　I'm fine.

　　　私は元気です。

□6.　I like tempura.

　　　私はてんぷらが好きです。

□7.　I love Japanese food.

　　　私は日本食が大好きです。

□8.　I drink Japanese tea.

　　　私は日本茶を飲みます。

Key Sentence

③ Are you from Sydney?
—— Yes, I am. / No, I am not.
④ Do you play cricket?
—— Yes, I do.
/ No, I do not. I do not play cricket.

③ あなたはシドニー出身ですか。
—— はい, そうです。/ いいえ, ちがいます。
④ あなたはクリケットをしますか。
—— はい, します。
/ いいえ, しません。私はクリケットをしません。

解説③ **Are you ...?(あなたは…ですか。)という言い方と答え方**

• 相手のことを確かめるときは, **You are ...**の形を使う。

<u>You</u> <u>are</u> from Sydney . （あなたはシドニー出身です。）
　↑　　↑　　↑
主語　be動詞　主語を説明する情報

• areはamと同じbe動詞で「…です」という意味。主語によって使い分ける。Iのときはamを, youのときはareを使う。

CHART & CHECK

主語「…は」	「…です」
I	am
you	are

- 「あなたは…ですか」とたずねる文(疑問文)にするときは，be動詞areを主語youの前に出す。

You are from Sydney.
┌─→ areをyouの前に出す
Are you from Sydney? (あなたはシドニー出身ですか。)
└ 文の終わりに?をつける

- 文の終わりにはクエスチョンマーク(?)をつける。
- Are you ...?は最後を上げ調子で言う。
- 「はい」と答えるときには，次のように言う。

Yes, I am. (はい，そうです。)　＊I amは縮めない
コンマ┘ 「私は…」と答える

- 「いいえ」と答えるときは，「…ではない」という意味のnotを使う。

No, I am not. (いいえ，ちがいます。)　＊I amはふつうI'mに縮める

●「…ではありません」という言い方

「私は…ではありません」や「あなたは…ではありません」と言うときは，be動詞のあとにnotを置く。(否定文)

I am from Australia.
┌─ amのあとにnotを置く
I am not from Australia.
↑I'm notにしてもよい
(私はオーストラリア出身ではありません。)

解説④ ▷ Do you ...? (あなたは…しますか。)という言い方と答え方

- like, drink, playなど，一般動詞を使った文を「あなたは…しますか」と疑問文にするときは，主語youの前にdoを置く。

You play cricket. (あなたはクリケットをします。)
↓主語の前にdo
Do you play cricket? (あなたはクリケットをしますか。)

Do you ...?とたずねられたら, **do**を使って答える。

Yes, I <u>do</u>. (はい, します。)
　　　↑doを使って答える　＊doはplay cricketの代わり

「いいえ」と答えるときは, **do not**を使う。

No, I <u>do not</u>. (いいえ, しません。)
　　　↑do notはふつうdon'tに短縮する

● **「…しません」という言い方**

・「私は…しません」や「あなたは…しません」と言うときは, 一般動詞の前に**do not**を置く。(否定文)

I　　　　play rugby.
　↓playの前にdo notを置く
I <u>do not</u> play rugby.
　↑do not＝don't

重要表現 ・・教科書p.14 ～ p.15

◆**So,**　だから, それで, では
話をつなげるときに使う表現。
So, are you a rugby fan?
(では, あなたはラグビーファンですか。)

◆**just ...**　ただ…だけ, ほんの, ちょっと
「ただ…だけ」と付け加えるときに使う語。
I **just** watch it. (私はそれを(ただ)見るだけです。)

◆**How about ...?**　…についてはどうですか。
話題を別のものや人に向けるときに使う表現。
How about soccer?
(サッカーについてはどうですか。)

Key Sentenceチェック

★Key Sentenceの用例を覚えよう。

☐1. **You are a** cricket fan.
あなたはクリケットファンです。

☐2. **Are you** from Sydney?
あなたはシドニー出身ですか。

☐3. Yes, I **am**.
はい，そうです。

☐4. No, I **am not**. / No, **I'm not**.
いいえ，ちがいます。

☐5. I **am not** a cricket fan.
私はクリケットファンではありません。

☐6. You **are not** from Sydney.
あなたはシドニー出身ではありません。

☐7. **Do you** play rugby?
あなたはラグビーをしますか。

☐8. Yes, I **do**.
はい，します。

☐9. No, I **do not**. / No, I **don't**.
いいえ，しません。

☐10. I **do not** play cricket. / I **don't** play cricket.
私はクリケットをしません。

Key Sentence

⑤ I **can** read *hiragana*.
  I **cannot** read kanji.
⑥ **Can** you read kanji?
  —— Yes, I **can**. / No, I **cannot**.

⑤ 私はひらがなを読むことができます。
  私は漢字を読むことができません。
⑥ あなたは漢字を読むことができますか。
  —— はい，読めます。／ いいえ，読めません。

解説⑤ ▶「…できます」という言い方

• ある動作ができることを表すときには，動詞の前に**can**を置き，〈主語＋**can**＋動詞 ....〉という形を使う。

  I read *hiragana*.（私はひらがなを読みます。）

  I can read *hiragana*.
    ↑ 動詞の前にcanを置く　↑ 動詞

（私はひらがなを読むことができます。）

•「…できません」と言うときは，動詞の前に**cannot**を置き，〈主語＋**cannot**＋動詞 ....〉という形を使う。

  I can read kanji.（私は漢字を読むことができます。）
    ↓ canをcannotにする

  I **cannot** read kanji.（私は漢字を読むことができません。）
    ↑ 動詞　＊cannotの短縮形can'tを使ってもよい

解説⑥ ▶「…できますか」という言い方と答え方

•「…できますか」と，ある動作ができるかどうかをたずねる疑問文にするときは，canを主語の前に出し，〈**Can**＋主語＋動詞 ...?〉という形にする。

You can read kanji. （あなたは漢字を読むことができます。）

canを主語の前に
「…できますか」

Can you read kanji?

（あなたは漢字を読むことができますか。）

- Can …?とたずねられたら，canを使って答える。

Yes, I can. （はい，できます。）

↑can read kanjiを省略したものと考える

- 「いいえ」と答えるときは，cannotを使って答える。

No, I cannot [can't]. （いいえ，できません。）

↑cannot read kanjiを省略したものと考える

重要表現 ••教科書p.16〜p.17

◆Me, too. 私も。

相手が話したことに対して，自分も同じだと伝える表現。

◆Well, さて，ところで，それでは

話を切り出したり，再び始めたりするときに使う語。

Well, can you see the gym?

（ところで，体育館は見えますか。）

◆there そこに[で，へ]

話題にのぼった「場所」を示す語。

We can play badminton there.

（私たちはそこでバドミントンをすることができます。）

◆Thank you. ありがとう。

感謝を伝えるときの定型表現。thankは「…に感謝する」という意味。

◆a little 少し

量や程度が「少し」であることを表す語句。

I can speak Japanese a little.

（私は日本語を少し話すことができます。）

◆**every day** 毎日

〈every（毎…）＋day（日）〉で「毎日」という意味。every morning
（毎朝），every evening（毎晩）などと表すことができる。

I study math every day.

（私は毎日，数学を勉強します。）

Key Sentenceチェック

★Key Sentenceの用例を覚えよう。

□1. I can play the piano.
    私はピアノをひくことができます。

□2. Tom can read *hiragana*.
    トムはひらがなを読むことができます。

□3. I cannot play the piano. ／ I can't play the piano.
    私はピアノをひくことができません。

□4. Kate cannot read kanji. ／ Kate can't read kanji.
    ケイトは漢字を読むことができません。

□5. Can you play the piano?
    あなたはピアノをひくことができますか。

□6. Yes, I can.
    はい，できます。

□7. No, I cannot. ／ No, I can't.
    いいえ，できません。

これが
出る！ **定期テスト対策**

❶ 日本文に合うように，（　　）内から適する語句を選ぼう。

(1) あなたはタロウですか。

（ Are you a ／ Are you ） Taro?

(2) 私はミカではありません。

I （ am ／ are ／ am not ） Mika.

(3) 私は日本食が好きです。

I （ am like ／ like ） Japanese food.

(4) あなたはお茶を飲みますか。

（ Do ／ Are ） you drink tea?

(5) 私はクリケットをしません。

I （ am not ／ do not ） play cricket.

(6) マミは英語を話すことができます。

Mami （ can speak ／ speak can ） English.

❷ 次の英文を〔　　〕内の指示に従って書きかえよう。

(1) I'm Kumi. 〔否定文に〕

→（ I'm ）（ not ） Kumi.

(2) You are from Australia. 〔疑問文にして，Yesで答える〕

→（ Are ）（ you ） from Australia? —— Yes, （ I ）（ am ）.

(3) You watch cricket. 〔疑問文にして，Noで答える〕

→（ Do ）（ you ） watch cricket? —— No, （ I ）（ don't ）.

(4) You can play the piano. 〔疑問文にして，Noで答える〕

→（ Can ）（ you ） play the piano?

—— No, （ I ）（ cannot [can't] ）.

→次ページに続きます。

❸ 日本文に合うように，（　　）内の語を並べかえよう。

(1) 私をケンと呼んでください。

(me / Ken / call), please.

<u>Call me Ken</u>, please.

(2) 私はテニスを見るだけです。

I (tennis / watch / just).

I <u>just watch tennis</u>.

(3) 私はクリケットをしません。

I (cricket / not / play / do).

I <u>do not play cricket</u>.

❹ 英文の意味を表す日本語を完成させよう。

(1) I can speak English a little.

私は英語を(少し話すことができます)。

(2) Are you a rugby player?

あなたはラグビーの(選手ですか)。

❺ 日本語の意味を表す英文を書こう。

(1) 私は毎日漢字(kanji)を勉強しています。

<u>I study kanji every day.</u>

(2) ショウタは英語を読むことができません。

<u>Shota cannot [can't] read English.</u>

(3) あなたもよくお茶を飲みますか。

<u>Do you often drink tea, too?</u>

Unit 2 Our New Teacher　教科書p.19〜p.25

Part 1　身近な人やものを紹介しよう

Key Sentence

⑦ This is Kaito.
He is in Class 1B.　He is not in Class 1A.
This is Ms. Cook.
She is our teacher.　She is not from Australia.

⑧ Is that a fish market?
—— Yes, it is. / No, it is not.

⑦ こちらはカイトです。
彼は1年B組です。彼は1年A組ではありません。
こちらはクック先生です。
彼女は私たちの先生です。彼女はオーストラリア
出身ではありません。

⑧ あれは魚市場ですか。
—— はい，そうです。/ いいえ，ちがいます。

解説⑦▷「こちら[あちら]は…です」という言い方

- 自分に近いところにあるものをさして，それが何かを説明すると
きは，This is ....の形を使う。

↓主語を説明する情報→This=□□の関係
This　is　Kaito.（こちらはカイトです。）
↑主語 ↑be動詞

- isはam，areと同じ，be動詞で「…です」という意味。

- This is ....は，場合に応じて，「これは…です」や「ここは…です」
などの日本語をあてはめる。

17

- 自分から離れたところにあるものをさして，それが何かを説明するときは，**That is ....**の形を使う。

↓主語を説明する情報→That=□の関係

<u>That</u> <u>is</u> <u>Mika</u>. (あちらはミカです。)
　↑主語　↑be動詞

- **That is ....**は，場合に応じて，「あれは…です」や「それは…です」などの日本語をあてはめる。
- that isはthat'sという短縮形を使うことが多い。

CHART & CHECK

	主語	「…です」
近くのもの	this	is
遠くのもの	that	

● **すでに話題にのぼっている人やものについて話すとき**

- 話している相手との間で，すでに話題にのぼっている人やものについては，男性なら**he**を，女性なら**she**を，ものなら**it**を使う。

〈男性〉　This is Kaito. **He is** in Class 1B.

〈女性〉　This is Ms. Cook. **She is** our teacher.

〈もの〉　This is my pen. **It is** new.
　　　　（これは私のペンです。それは新しいです。）

- 主語がhe，she，itのとき，「…です」はisを使う。
- 縮めた形［短縮形］　he is=he's　she is=she's　it is=it's

● **be動詞を使った文の否定文（「…ではない」）**

be動詞を使った文の否定文（「…ではない」）はbe動詞のあとに**not**を置く。

This **is not** our teacher.

（こちらは私たちの先生ではありません。）

That **is not** our school.

（あれは私たちの学校ではありません。）

He is not in Class 1A. （彼は 1 年 A 組ではありません。）

She is not from Australia.

（彼女はオーストラリア出身ではありません。）

It is not my pen. （それは私のペンではありません。）

　　↑isのあとにnotを置く。is notの短縮形はisn't

解説⑧ ▷ 「これは…ですか」「あれは…ですか」とたずねる言い方と答え方

・「これは…ですか」「あれは…ですか」とたずねる疑問文にすると
きは，isをthisやthatの前に出し，〈Is＋主語＋名詞や形容詞 ...?〉
という形にする。

That is a fish market. （あれは魚市場です。）

　　　　　　isを主語の前に「…ですか」

Is that a fish market? （あれは魚市場ですか。）

・Is this ...?やIs that ...?とたずねられたら，it isやit is notを使っ
て答える。

―― Yes, it is. （はい，そうです。）

　　　　↑this, thatをitで受ける

―― No, it is not. It's a sushi restaurant.

　　　　　　　↑Noと答えたあとで，それが実際には何であるかを
　　　　　　　 itを使って説明を付け加える場合もある

（いいえ，ちがいます。それはすし店です。）

・it isはit'sという短縮形を使うことが多い。ただし，Yes, it is.の
it isは縮めない。

重要表現 ・・・・・・・・・・・・・・・・・・・・・・・・・・・・・・ 教科書p.20 ～ p.21

◆**Nice to meet you.**　　はじめまして。［お会いできてうれしいです。］
初対面のときによく使う表現。「こちらこそ」という場合は，
Nice to meet you, too.と言う。

◆**in ...** …(の中)に

inは「…(の中)に［で，の］」という意味を表す。

　例　He's in Class 1A.（彼は1年A組です。）

◆**popular**　人気のある

状態や様子を表す「形容詞」という種類の語。

　例　Ms. Cook is <u>popular</u>.（クック先生は人気があります。）
　　　　　　　　　　　　↑be動詞のあとに置いて，「人気があります」という意味

Key Sentenceチェック

★Key Sentenceの用例を覚えよう。

□1.　This is Shota.
　　　こちらはショウタです。

□2.　He is from Okinawa.
　　　彼は沖縄出身です。

□3.　That is Amy.
　　　あちらはエイミーです。

□4.　She is in Class 1B.
　　　彼女は1年B組です。

□5.　Is this a restaurant?
　　　―― Yes, it is. / No, it is not.
　　　これはレストランですか。
　　　―― はい，そうです。/ いいえ，ちがいます。

□6.　He is not a cricket player.
　　　彼はクリケットの選手ではありません。

Part 2 知らない人やものについてたずねよう

<table>
<tr><td rowspan="6">Key Sentence</td></tr>
</table>

Key Sentence

⑨ **What** is this?
—— It is the symbol for "school."
⑩ **Who** is that?
—— That is Josh.

⑨ これは何ですか。
—— それは「学校」の記号です。
⑩ あちらはだれですか。
—— あちらはジョシュです。

解説⑨ ▶ 「…は何ですか」とたずねる言い方と答え方

• あるものをさして,「これは何ですか」「あれは何ですか」とたずねるとき,「何」を表す**what**を文頭に置き,**What is ...?** と言う。whatのあとにはふつうの疑問文を続ける。

〈ふつうの疑問文〉　　Is this the symbol for "school"?
　　　　　　　　　　　　　　　　（これは「学校」の記号ですか。）
〈whatを使った疑問文〉　**What** is this?（これは何ですか。）
　　　　　　　　　　↑whatのあとに,ふつうの
　　　　　　　　　　　疑問文の形を続ける

what isは**what's**という短縮形を使うことが多い。

• What ...? とたずねられたら,Yes, Noではなく,**It is ....** と具体的に答える。it isは**it's**という短縮形を使うことが多い。

〈whatを使った疑問文〉　What is this?（これは何ですか。）

〈答えの文〉　—— **It's** the symbol for "school."
　　　　　　　（それは「学校」の記号です。）

解説⑩ ▶ 「…はだれですか」とたずねる言い方と答え方

• ある人について,その人がどういう人か,何という人かをたずねるときは,**Who is ...?** と言う。

〈ふつうの疑問文〉　　Is that | Josh | ? （あちらはジョシュですか。）

〈whoを使った疑問文〉　| Who | is that? （あちらはだれですか。）
↑whoのあとに，ふつうの疑問文の形を
続ける

who isはwho'sという短縮形を使うことが多い。

• Who ...?とたずねられたら，Yes, Noではなく，自分との関係や
その人（主語）に関する情報（名前，身分，出身など）を，ふつう
He is ....,　She is ....の形で答える。

〈whoを使った疑問文〉　Who is that? （あちらはだれですか。）

〈答えの文〉　── That is Josh.
↑名前

He is from the Philippines.
↑主語に関する情報
（あちらはジョシュです。彼はフィリピン出身です。）

重要表現 ●●● 教科書p.22 ～ p.23

◆**I see.**　なるほど。わかった。
理解したことや納得したことをつたえるときに使う表現。

◆**Good morning.**　おはようございます。
朝に使うあいさつの表現。午後はGood afternoon.（こんにち
は。），夕方や夜にはGood evening.（こんばんは。）と言う。

◆**Really?**　本当ですか，へえ，そうなんだ。
相手が言ったことに対してのあいづちの表現。

◆**That's interesting.**　それはおもしろい[興味深い]ですね。
相手が言ったことに対して感想を述べる表現。interestingの部
分に，good（よい）やnice（すてきな，よい），great（すばらしい）
などを置いて使う。

例　That's great. （それはすばらしいですね。）

Key Sentenceチェック

★Key Sentenceの用例を覚えよう。

□1. **What is this?** —— **It is a restaurant.**
これは何ですか。—— それはレストランです。

□2. **What is that?** —— **It is a gym.**
あれは何ですか。—— それは体育館です。

□3. **What's this?** —— **It's a school.**
これは何ですか。—— それは学校です。

□4. **What's that?** —— **It's a shrine.**
あれは何ですか。—— それは神社です。

□5. **What's this?** —— **It's the symbol for "picnic area."**
これは何ですか。—— それは「ピクニックエリア」の記号です。

□6. **Who is this?** —— **This is Mr. Green.**
こちらはだれですか。—— こちらはグリーン先生です。

□7. **Who is that?** —— **That is Ms. Cook.**
あちらはだれですか。—— あちらはクック先生です。

□8. **Who's this?** —— **This is Jiro.**
こちらはだれですか。—— こちらはジロウです。

□9. **Who's that?** —— **That's my friend Aya.**
あちらはだれですか。—— あちらは私の友達のアヤです。

□10. **Who's that?** —— **That's Meg. She is from Australia.**
あちらはだれですか。
　　—— あちらはメグです。彼女はオーストラリア出身です。

Key Sentence

⑪　How do you come to school?
　　—— I walk to school.
⑫　What do you have for breakfast?
　　—— I have toast.

⑪　あなたはどのように学校に来ますか。
　　—— 私は歩いて学校に来ます。
⑫　あなたは朝食に何を食べますか。
　　—— 私はトーストを食べます。

解説⑪ ▷ 「どのようにして…」とたずねる文と答え方

- 相手に何かをする方法について，「あなたはどのように…しますか」とたずねるとき，howを文頭に置き，How do you ...?と言う。howのあとにはふつうの疑問文を続ける。

　〈ふつうの疑問文〉　　Do you come to school |by bike| ?
　　　　　　　　　　　（あなたは自転車で学校に来ますか。）

　〈howを使った疑問文〉　|How| do you come to school?
　　　　　　　　　　　　　↑howのあとに，ふつうの疑問文の形を続ける
　　　　　　　　　　　（あなたはどのように学校に来ますか。）

- How do you ...?とたずねられたら，Yes, Noではなく，具体的に方法を答える。

　〈howを使った疑問文〉　|How| do you come to school?
　　　　　　　　　　　（あなたはどのように学校に来ますか。）

　〈答えの文〉　—— I come to school |by bike| .
　　　　　　　　　　　　　　　　〈by＋乗り物〉
　　　　　　　　　　　（私は自転車で学校に来ます。）

解説⑫ ▷ 「何を…しますか」とたずねる文と答え方

- 相手に食べるものや好きなことなどについて，「何を…しますか」

とたずねるとき，whatを文頭に置き，What do you ...?と言う。
whatのあとにはふつうの疑問文を続ける。

〈ふつうの疑問文〉　Do you have toast for breakfast?
（あなたは朝食にトーストを食べますか。）

〈whatを使った疑問文〉　What do you have for breakfast?
　　　　　　　　　　　↑whatのあとに，ふつうの疑問文の形を
　　　　　　　　　　　　続ける
（あなたは朝食に何を食べますか。）

• What do you ...?とたずねられたら，Yes, Noではなく，具体的
に答える。

〈whatを使った疑問文〉　What do you have for breakfast?
（あなたは朝食に何を食べますか。）

〈答えの文〉　── I have toast . ←何かを具体的に答える
（私はトーストを食べます。）

重要表現 ・・・・・・・・・・・・・・・・・・・・・・・・・・・・・・教科書p.24 ～ p.25

◆**around here**　このあたりに[で]
around＝「～の近くに」，here＝「ここに[で，へ]」という意味。
around thereは「そのあたりに[で]」となる。

例　Do you live around here?
（あなたはこのあたりに住んでいるのですか。）

◆**by＋乗り物**　〔乗り物〕を使って，〔乗り物〕で
byのあとの乗り物名にはaやthe, myなどはつけない。

例　I come here by bike.（私は自転車でここに来ます。）
　　　　　　　　　　↑bikeにaやthe, myなどをつけずに表す

◆**walk to ...**　歩いて…に来る[行く]
一般動詞walk（歩く）のあとに行き先を表すto ...（…へ）を置いて，
「歩いて…に来る[行く]」という意味になる。

例 I walk to school. （私は歩いて学校に来ます。）

◆for ...　…として

例 I have rice for breakfast. （私は朝食にご飯を食べます。）

◆**How about you?**　あなたはどうですか。

話している相手との間で，すでに話題にのぼっていることについて，相手はどうなのかをたずねる表現。

例 I like sushi. How about you?　←「あなたはすしが好きですか。」

（私はすしが好きです。あなたはどうですか。）

◆**Sounds ....**　…そうですね。

相手が言ったことに対して感想を述べる表現。Soundsのあとにはniceやinterestingなどの形容詞を置く。

例 Sounds nice! （よさそうですね！）

Key Sentenceチェック

★Key Sentenceの用例を覚えよう。

□1.　**How** do you come to school?　── I come by bike.
　　あなたはどのように学校に来ますか。── 自転車で来ます。

□2.　**How** do you study English?　── I speak it every day.
　　あなたはどのように英語を勉強しますか。
　　── 毎日それを話します。

□3.　**What** do you have for breakfast?　── I have fruit.
　　あなたは朝食に何を食べますか。── 果物を食べます。

□4.　**What** do you like?　── I like sushi.
　　あなたは何が好きですか。── すしが好きです。

これが出る！ 定期テスト対策

❶ 日本文に合うように，（　　）内に適する語を書こう。

(1) こちらはマミです。彼女は私の友達です。

（ This ）（ is ） Mami. （ She ）（ is ） my friend.

(2) あちらはマコトです。彼は東京出身です。

（ That's ） Makoto. （ He's ） from Tokyo.

(3) これはレストランですか。—— はい，そうです。

（ Is ）（ this ） a restaurant? —— Yes, （ it ）（ is ）.

(4) これは何ですか。—— それは体育館です。

（ What's ） this? —— （ It's ） a gym.

(5) あちらはだれですか。—— あちらは私の友達のトムです。

（ Who ）（ is ） that? —— （ That's ） my friend Tom.

❷ 次の英文を〔　　〕内の指示に従って書きかえよう。

(1) She is from Australia. 〔否定文に〕

→（ She ）（ is ）（ not ） from Australia.

(2) That's a fish market. 〔疑問文にして，Noで答える〕

→（ Is ）（ that ） a fish market? —— No, （ it ）（ isn't ）.

(3) This is <u>a shrine</u>. 〔下線部が答えの中心となる疑問文に〕

→（ What ）（ is ） this?

(4) That is <u>Ms. Green</u>. 〔下線部が答えの中心となる疑問文に〕

→（ Who ）（ is ） that?

(5) You come to school <u>by bike</u>. 〔下線部が答えの中心となる疑問文に〕

→（ How ）（ do ） you come to school?

(6) You study <u>kanji</u> every day. 〔下線部が答えの中心となる疑問文に〕

→（ What ）（ do ） you study every day?

→次ページに続きます。

❸ 日本文に合うように, ( )内の語を並べかえよう。

(1) これは私の自転車ではありません。

(bike / not / this / my / is).

This is not my bike   .

(2) あなたの英語の先生はだれですか。

(teacher / is / English / your / who)?

Who is your English teacher   ?

(3) あなたはふだん何を飲みますか。

(drink / you / what / usually / do)?

What do you usually drink   ?

❹ 英文の意味を表す日本語を完成させよう。

(1) How do you study kanji?

あなたは(どのように)漢字を勉強しますか。

(2) What do you have for breakfast?

あなたは朝食(として[に]何を食べますか)。

❺ 日本語の意味を表す英文を書こう。

(1) 彼はクリケットファンです。

He is a cricket fan.

(2) あれはあなたの学校ですか。

Is that your school?

(3) こちらはだれですか。

Who is this?

(4) (スポーツについて)あなたは何をしますか。

What do you play?

Part 1 いつ・どこなのかをたずねよう

Key Sentence

⑬ **Where** do you practice?
—— We practice in the music room.
Where is Midori Hall? —— It is near the station.
⑭ **When** is the next concert? —— It is on July 5.

⑬ あなたたちはどこで練習しますか。
—— 私たちは音楽室で練習します。
緑ホールはどこですか。—— それは駅の近くです。
⑭ 次のコンサートはいつですか。—— 7月5日です。

解説⑬ ▷「どこで…しますか」「…はどこですか」とたずねる言い方と答え方

● 「どこで…しますか」とたずねる言い方

相手が何かをする場所について,「どこで…しますか」とたずねるとき,whereを文頭に置き,Where do you ...?と言う。whereのあとにはふつうの疑問文を続ける。

〈ふつうの疑問文〉 Do you practice the trumpet?
（あなたはトランペットを練習しますか。）

〈whereを使った疑問文〉 Where do you practice (the trumpet)?
　　　　　　　　　　　　↑whereのあとに,ふつうの疑問文の形
　　　　　　　　　　　　　を続ける
（あなたはどこで(トランペットを)練習しますか。）

29

- **Where do you ...?** とたずねられたら，Yes, Noではなく，具体的に場所を答える。

〈whereを使った疑問文〉 | Where | do you practice?
（あなたたちはどこで練習しますか。）

↓in ...＝「…(の中)で」

〈答えの文〉 —— We practice in the music room.

↑場所

（私たちは音楽室で練習します。）

- 場所を示す前置詞には下記のようなものがある。

場所を示す前置詞	意味
at	…に，…で
by	…のそばに
near	…の近くに
in	…に，…の中に
on	…の上に
under	…の下に

●「…はどこですか」とたずねる言い方と答え方

「…はどこですか」と，ものや人の場所をたずねるときは，whereを文頭に置き，**Where is ...?** の形を使う。

〈ふつうの疑問文〉 Is Midori Hall | near the station | ?
（緑ホールは駅の近くですか。）

〈whereを使った疑問文〉 | Where | is Midori Hall?

↑whereのあとに，ふつうの疑問文の形を続ける

（緑ホールはどこですか。）

- **Where is** は **Where's** という短縮形を使うことが多い。

- **Where is ...?** とたずねられたら，Yes, Noではなく，具体的に場所を答える。主語が単数のものの場合は，〈**It is**＋場所を示す語句〉と答える。**It's** という短縮形を使うことが多い。

人が主語の場合はHe isやShe isを使う。

〈whereを使った疑問文〉　Where is Midori Hall?

（緑ホールはどこですか。）

〈答えの文〉　── It's near the station .

↑場所を示す語句〈前置詞＋場所〉

（それは駅の近くです。）

- 主語が複数の場合は，Where are ...?を使う。主語が複数の場合は，〈They are＋場所を示す語句〉と答える。
  They'reという短縮形を使うこともできる。

Where are my books?（私の本はどこですか。）

── They are in the bag .（そのかばんの中です。）

主語が複数↑　　↑場所を示す語句〈前置詞＋場所〉

解説⑭ ▷「…はいつですか」とたずねる言い方と答え方

- 「…はいつですか」とものごとの時をたずねるときは，whenを文頭に置き，When is ...?の形を使う。

〈ふつうの疑問文〉　Is the next concert on July 5 ?

（次のコンサートは7月5日ですか。）

〈whenを使った疑問文〉 When is the next concert?

↑whenのあとに，ふつうの疑問文の形を続ける

（次のコンサートはいつですか。）

- When is ...?とたずねられたら，Yes, Noではなく，具体的な時を答える。主語が単数の場合は，〈It is＋時を示す語句〉と答える。It'sという短縮形を使うことが多い。

〈whenを使った疑問文〉 When is the next concert?

（次のコンサートはいつですか。）

〈答えの文〉　── It's on July 5 .（7月5日です。）

↑時を示す語句〈前置詞＋時〉

●「いつ…しますか」とたずねる言い方と答え方

- 「あなたはいつ…しますか」と時をたずねるときは，**When do you ...?** の形を使う。

  When do you study kanji? （あなたはいつ漢字を勉強しますか。）
  　　　　↑一般動詞の疑問文の形を続ける

- **When do you ...?** とたずねられたら，Yes, No ではなく，具体的な時を答える。

  〈whenを使った疑問文〉　　| When | do you study kanji?

  　　　　　　　　　　（あなたはいつ漢字を勉強しますか。）

  〈答えの文〉　　—— I study it | on Sunday |.

  　　　　　　　　　　　　↑時を示す語句〈前置詞＋時〉
  　　　　　　　　　（私は日曜日にそれを勉強します。）

重要表現 •••••••••••••••••••••••••••••••••••••• 教科書p.30 ～ p.31

◆**in ...**　…（の中）に［で，の］

「場所・位置」を示す前置詞。

　例　He is **in** the gym.（彼は体育館にいます。）

◆**but [But] ...**　しかし，…

前に述べたことと反対のことを述べるときに使う接続詞。

　例　I usually come to school by bike. **But** I walk to school on Friday.

　　　（私はふだん，自転車で学校に来ます。しかし，金曜日は歩いて来ます。）

◆**before ...**　…の前に［の］

「時」を示す前置詞。

　例　We practice every day **before** a concert.

　　　（私たちはコンサートの前に毎日練習します。）

◆**on ...** ［日時］…に

「時」を示す前置詞。あとに，日付や曜日を置いて使う。

  例 The next concert is **on** August 1.

  　（次のコンサートは8月1日です。）

  例 I study kanji **on** Sunday. （私は日曜日に漢字を勉強します。）

◆**at ...** ［場所］…に，…で

「場所」を示す前置詞。一地点を意味する。

  例 The concert is **at** Midori Hall.

  　（そのコンサートは緑ホールであります。）

◆**near ...** …の近くに［で］

「場所」を示す前置詞。

  例 My school is **near** the library.

  　（私の家は図書館の近くにあります。）

●前置詞のイメージ①
in，on，at などの前置詞は，ここで出てくる意味以外にも複数の意味がある。それぞれの前置詞がもつ次のようなイメージをつかんでいれば，意味を推測できて，効率的に前置詞を習得できるよ。

・in…内部　・at…点　・on…接触
・to…到達点　・for…目標　・from…起点
・with…いっしょ　・by…近接

Key Sentenceチェック

★Key Sentenceの用例を覚えよう。

□1. **Where do** you play badminton? —— I play it **in** the gym.
あなたはどこでバドミントンをしますか。
—— 私は体育館でそれをします。

□2. **Where do** you live? —— I live **in** Tokyo.
あなたはどこに住んでいますか。
—— 私は東京に住んでいます。

□3. **Where is** the library? —— It is **near** the station.
その図書館はどこですか。—— 駅の近くです。

□4. **Where is** my pen? —— It is **in** the bag.
私のペンはどこですか。—— そのかばんの中です。

□5. **Where is** Mr. Sato? —— He is in the art room.
サトウ先生はどこにいますか。—— 彼は美術室にいます。

□6. **Where is** Mary? —— She is in the music room.
メアリーはどこにいますか。—— 彼女は音楽室にいます。

□7. **When is** the next concert? —— It is **on** October 20.
次のコンサートはいつですか。—— 10月20日です。

□8. **When is** your birthday? —— It is March 7.
あなたの誕生日はいつですか。—— 3月7日です。

□9. **When do** you practice the guitar?
—— I practice it **before** a concert.
あなたはいつギターを練習しますか。
—— コンサートの前にそれを練習します。

□10. **When do** you study English? —— I practice **on** Sunday.
あなたはいつ英語を勉強しますか。—— 日曜日に勉強します。

Part 2　したいことや夢を伝えよう

Key Sentence

⑮　I **want to** win the game.
　　I **want to** be a good soccer player.

⑮　私は試合に勝ちたいです。
　　私はよいサッカー選手になりたいです。

解説⑮　「…したい」「…になりたい」という言い方

● 「…したい」：〈want to＋動詞 …〉の形を使う

〈ふつうの文〉　　　　I win the game.
　　　　　　　　　　（私は試合に勝ちます。）

〈want toを使った文〉　I <u>want to</u> win the game.
　　　　　　　　　　↑動詞winの前にwant toを置く
　　　　　　　　　　（私は試合に勝ちたいです。）

● 「…になりたい」：〈want to be …〉の形を使う

〈ふつうの文〉　　　　I am a soccer player.
　　　　　　　　　　（私はサッカー選手です。）

〈want to beを使った文〉　I <u>want to be</u> a good soccer player.
　　　　　　　　　　↑「…になりたい」
　　　　　　　　　　（私はよいサッカー選手になりたいです。）

• 「あなたは何になりたいですか」とたずねるとき，Whatを文頭に
　置いて，あとに疑問文の形を続ける。

〈whatを使った文〉　　　What do you want to be?
　　　　　　　　　　　↑whatのあとに疑問文の形を続ける
　　　　　　　　　　（あなたは何になりたいですか。）

重要表現　……………………………………………… 教科書p.32 〜 p.33

◆**How are you?**　お元気ですか。調子はどうですか。

あいさつでふだんからよく使う表現。答えるときは I'm fine,

thank you.「元気です。ありがとう。」などと言う。

◆**Why?**　なぜですか。

「なぜ，どうして」と理由をたずねるときに使う。

◆**Is that all?**　それで終わり[全て]ですか。

allは「全て」という意味で，終わりかどうかをたずねるときに使う表現。That's all.「これで終わり[全て]です。」とも言う。

◆**Good luck.**　幸運を祈ります。がんばって。

luckは「運，幸運」という意味で，相手の幸運を願ったり，応援したりするときに使う表現。

Key Sentenceチェック

★Key Sentenceの用例を覚えよう。

□1.　I want to drink milk.
私は牛乳が飲みたいです。

□2.　I want to play soccer.
私はサッカーがしたいです。

□3.　I want to play the violin.
私はバイオリンを演奏したいです。

□4.　Do you want to live in Tokyo?　── Yes, I do. / No, I don't.
あなたは東京に住みたいですか。
── はい，住みたいです。／いいえ，住みたくありません。

□5.　What do you want to be?
あなたは何になりたいですか。

□6.　I want to be a teacher.
私は教師になりたいです。

Part 3 数をたずねたり答えたりしよう

Key Sentence

⑯ How many rackets do you have?
—— I have two rackets.

⑯ あなたは何本のラケットを持っていますか。
—— 私は2本のラケットを持っています。

解説⑯ ▷ 名詞の複数形と「いくつ」と数をたずねる言い方

● **名詞の複数形**

数えられる名詞（ものや人）の数が1つ［1人］のときを単数，2つ［2人］以上のときを複数という。

数えられる名詞が2つ［2人］以上のとき，その名詞の語尾にsあるいはesをつける。その形を複数形という。

a racket（1本のラケット）　two rackets（2本のラケット）
　　↑単数形　　　　　　　　　　　　　　　↑複数形

・複数形のs，esのつけ方にはいくつかルールがある。

CHART & CHECK

原則	語尾にsをつける	dog − dogs
s, o, x, ch, shなどで終わる語	語尾にesをつける	bus − buses
「子音字+y」で終わる語	yをiにかえてesをつける	city − cities

＊「子音字」とは，a, i, u, e, o以外の音を持つ文字のこと。

＊s, esの発音は［z ズ］，［s ス］，［iz イズ］。

＊tsの発音は［ts ツ］，dsの発音は［dz ヅ］。

プラスワン　複数形で不規則に変化するものがある。

例　man（男性）→men（男性たち），

woman（女性）→women（女性たち）

プラスワン 数えられない名詞とは，一定の形がないものや，目に見えない抽象的なもののこと。これらの語には，前に a を置いたり，語尾に s をつけたりしない。

例 water（水），music（音楽）など

● 「いくつ」と数をたずねる言い方と答え方

数えられる名詞について，「いくつ」と数をたずねるとき，〈How many ＋名詞の複数形〉を文頭に置き，そのあとにはふつうの疑問文を続ける。

〈ふつうの疑問文〉　　　　 Do you have two rackets?
　　　　　　　　　　　　　（あなたは2本のラケットを持っていますか。）

　　　　　　　　　　　　　　　　ふつうの疑問文の形を続ける

〈how many を使った疑問文〉 How many rackets do you have?
　　　　　　　　　　　　　↑〈How many ＋名詞の複数形〉
　　　　　　　　　　　　（あなたは何本のラケットを持っていますか。）

• How many ...? とたずねられたら，Yes, No ではなく，数を示して答える。

〈how many を使った疑問文〉 How many rackets do you have?
　　　　　　　　　　　　（あなたは何本のラケットを持っていますか。）

〈答えの文〉　—— I have two (rackets).
　　　　　　　　　　　　↑数を示して答える
　　　　＊くり返しを避けるため，rackets を省略してもよい。

重要表現 ・・・・・・・・・・・・・・・・・・・・・・・・・・・・・・ 教科書 p.34 ～ p.35

◆ five days a week 1週間につき5日

a ... で「（1つの）…につき」という意味を表す表現。

例 I practice soccer five days a week.
　　（私は1週間に5日，サッカーを練習します。）

38

◆**off** 休んで

offは「…から離れて」がもとの意味。

例　We are off on Sundays.（私たちは日曜日は休みです。）

◆**That's nice.**　それはすてきですね。

相手が言ったことに対して感想を述べる表現。niceの部分に, good(よい)やinteresting(おもしろい, 興味深い), great(す ばらしい)などを置いて使う。

例　That's good.（それはよいですね。）

Key Sentenceチェック

★Key Sentenceの用例を覚えよう。

□1.　How many bags do you have?

　　　── I have four (bags).

　　　あなたはいくつのかばんを持っていますか。

　　　── 私は4つ(のかばんを)持っています。

□2.　How many coaches do you have?

　　　── We have two (coaches).

　　　あなたたちには何人のコーチがいますか。

　　　── 私たちには2人(のコーチが)います。

□3.　How many books do they have?

　　　── They have three (books).

　　　彼らは何冊の本を持っていますか。

　　　── 彼らは3冊(の本を)持っています。

❶ 日本文に合うように，（　　）内に適する語を書こう。

(1) あなたはどこでバドミントンを練習しますか。

　　—— 私は体育館で練習します。

　　(Where)(do) you practice badminton?

　　—— I practice it (in) the gym.

(2) あなたの誕生日はいつですか。——9月6日です。

　　(When)(is) your birthday?

　　——(It's) September 6.

(3) 私は毎日，果物を食べたいです。

　　I (want)(to) eat fruit every day.

(4) 私はよいラグビー選手になりたいです。

　　I (want)(to)(be) a good rugby player.

(5) あなたはいくつのかばんを持っていますか。

　　—— 私は3つ持っています。

　　(How)(many)(bags) do you have?　—— I have three.

❷ 次の英文を〔　　〕内の指示に従って書きかえよう。

(1) The gym is <u>near the station</u>.〔下線部が答えの中心となる疑問文に〕

　→(Where)(is) the gym?

(2) The concert is <u>on Sunday</u>.〔下線部が答えの中心となる疑問文に〕

　→(When)(is) the concert?

(3) I <u>am</u> a teacher.〔下線部を「〜になりたい」にかえて〕

　→I (want)(to)(be) a teacher.

(4) You have <u>two</u> rackets.〔下線部が答えの中心となる疑問文に〕

　→(How)(many)(rackets) do you have?

❸ 日本文に合うように（　　）内の語を並べかえよう。

(1) あなたの学校はどこにありますか。

(school / is / your / where)？

<u>Where is your school</u>　　　　　　　　　　　　？

(2) あなたはいつ日本語を勉強しますか。

(Japanese / you / when / study / do)？

<u>When do you study Japanese</u>　　　　　　　？

(3) あなたは毎日いくつのりんごを食べますか。

(day / you / many / do / how / have / apples / every)？

<u>How many apples do you have every day</u>　　？

❹ 英文の意味を表す日本語を完成させよう。

(1) What do you want to have for breakfast?

あなたは朝食に（ 何を食べたいですか ）。

(2) How many books do you have in your bag?

あなたはかばんの中に（ 何冊の本 ）を持っていますか。

❺ 日本語の意味を表す英文を書こう。

(1) あなたはどこでピアノを練習しますか。

<u>Where do you practice the piano?</u>

(2) 次の試合はいつですか。

<u>When is the next game?</u>

(3) あなたは何になりたいですか。

<u>What do you want to be?</u>

(4) あなたはいくつのカップがほしいですか。

<u>How many cups do you want?</u>

Unit 4　Friends in New Zealand

教科書p.37 〜 p.43

Part 1　相手に指示したり助言したりしよう

Key Sentence

⑰　Come to the front.
⑱　Be brave.
⑲　Don't worry.

⑰　前に来なさい。
⑱　勇気を出して。
⑲　心配しないで。

解説⑰　命令文：「…しなさい」「…してください」という言い方

• 「…しなさい」と相手に指示や助言をするときは，動詞のもとの形
（原形）で文を始める。

〈ふつうの文〉　You come to the front.（あなたは前に来ます。）

「…しなさい」　　<u>Come</u> to the front.（前に来なさい。）
　　　　　　　　　↑動詞のもとの形（原形）で始める

• 「…してください」とていねいに言うときは，文の最初か最後に
pleaseを加える。

「…してください」　Please come to the front.

　　　　　　　　＝Come to the front, <u>please</u>.
　　　　　　　　　　　　　　　↑pleaseの前にコンマを置く
　　　　((どうぞ)前に来てください。)

解説⑱　「…でいてください」

• 一般動詞の命令文と同じように，be動詞を使った命令文もある。
You are ...のbe動詞areをもとの形（原形）であるbeにして文を
始める。

42

〈ふつうの文〉　You are brave.（あなたは勇敢です。）

〈命令文〉　　　Be brave.（勇気を出して。）
　　　　　　　　↑beは, am, are, isのもとの形（原形）

〈ふつうの文〉　You are my coach.（あなたは私のコーチです。）

〈命令文〉　　　Be my coach.（私のコーチになって。）
　　　　　　　　↑beは, am, are, isのもとの形（原形）

• 文の最初か最後にpleaseを置くと，ていねいな言い方になる。

Please be my coach.（（どうぞ）私のコーチになってください。）

＝Be my coach, <u>please</u>.
　　　　　　↑pleaseの前にコンマを置く

解説⑲ ▶ **否定の命令文：「…をしないでください」**

•「…しないでください」と言うときには，文のはじめにdon'tを置いて，〈**Don't**＋動詞のもとの形（原形）...〉で表す。

「…しなさい」　　　Speak English here.
　　　　　　　　　（ここでは英語を話しなさい。）

「…しないで」　**Don't** speak Japanese here.
　　　　　　　↑文のはじめにDon'tを置く
　　　　　　　（ここでは日本語を話さないで。）

• be動詞を使った命令文の前にDon'tを置いて，〈**Don't be** ....〉という文もある。

「…でいなさい」　　　Be brave.（勇気を出して。）

「…しないで」　　**Don't** be nervous.（緊張しないで。）
　　　　　　　↑be動詞を使った命令文の前にDon'tを置く

重要表現 •••••••••••••••••••••••••••••••••••••• 教科書p.38〜p.39

◆**It's your turn.**　あなたの番です。

相手に順番がきたことを伝えるときの表現。

◆**Enjoy yourself.**　楽しんで。楽しく過ごして。

命令文の主語は（省略されているが）youである。You enjoy you.
という言い方はしないため，You enjoy yourself.となる。

例 Did you enjoy yourself?（楽しみましたか。）

◆**How's the weather in ...?** …の天気はどうですか。
howは「どのよう」という意味で，「状態・様子」をたずねる疑問詞。
How's = How is

例 **How's the weather in** <u>Tokyo</u>?（東京の天気はどうですか。）
　　　　　　　　　　　　↑inのあとに地名

Key Sentenceチェック

★Key Sentenceの用例を覚えよう。

□1. **Study English every day.**
　　毎日，英語を勉強しなさい。

□2. **Please come here.**
　　（どうぞ）ここに来てください。

□3. **Use my pen, please.**
　　どうぞ私のペンを使ってください。

□4. **Be quiet.**
　　静かにして。

□5. **Don't worry.**
　　心配しないで。

□6. **Don't run in the classroom.**
　　教室の中を走らないで。

□7. **Don't be nervous.**
　　緊張しないでください。

Part 2　時刻をたずねたり答えたりしよう

Key Sentence

⑳　What time is it?
　　—— It is noon. / It is twelve(o'clock).
　　What time do you have lunch?
　　—— At one. / We have lunch at one.

⑳　何時ですか。
　　—— 正午です。／ 12時です。
　　あなたたちは昼食を何時に食べますか。
　　—— 1時です。／ 私たちは1時に昼食を食べます。

解説⑳ ▶ **時刻をたずねる言い方と答え方**

• 「何時ですか」とたずねるときは，what timeで文をはじめ，is it を続ける。

　　※このitは時刻を表すitで，「それは」とは訳さない。

〈ふつうの疑問文〉　　　　　　　　　　　　Is it twelve(o'clock)?
　　　　　　　　　　　　　　　　　　　　　　（12時ですか。）
〈what timeを使った疑問文〉　 What time is it?（何時ですか。）
　　　　　　　　　　　　　　　　↑「何時」

• What time is it?に対してはIt isを使って答える。

〈what timeを使った疑問文〉　 What time is it?（何時ですか。）

　　〈答えの文〉　 —— It is twelve (o'clock). (12時です。)
　　　　　　　正時のときに使う。省略できる↗

プラスワン　　時刻の表し方

• 「…時～分」は，そのままの順で数を並べて表す。

　　It's eight thirty . (8 時30分です。)

• 「午前」はin the morning（またはa.m.），「午後」はin the afternoon
（またはp.m.）を時刻の後に置く。

　　It's seven fifteen in the morning . （午前 7 時15分です。）

- 特定の場所の時刻を表すときは「in＋場所を表す語」を使う。

  It's 5 p.m. | in Tokyo |. (東京では午後5時です。)

● **相手が何かをする時刻をたずねる言い方と答え方**

- 「…を何時にしますか」とたずねるときは，**what time**を文頭に置き，そのあとにふつうの疑問文を続ける。

  〈ふつうの疑問文〉　　　　　　　　　　　　　Do you have lunch?

  　　　　　　　　　　　　　　（あなたたちは昼食を食べますか。）

  〈what timeを使った疑問文〉　| What time | do you have lunch?

  　　　　　　　　　　　　　疑問文の形を続ける┘

  　　　　　　　　　（あなたたちは昼食を何時に食べますか。）

- What time do you ...?とたずねられたら，Yes, Noではなく，時刻を示して答える。

  〈what timeを使った疑問文〉　| What time | do you have lunch?

  　　　　　〈答えの文〉　　―― At one. ［We have lunch at one.］

  　　　　　　　　　（1時です。［私たちは1時に昼食を食べます。］）

  　　　　＊くり返しを避けてWe have lunchを省略して答えてもよい。

重要表現 •• 教科書p.40〜p.41

◆**It's ....**　…時です。

時刻を表すとき，It'sを使う。

　例　It's noon.（正午です。）

◆**That's interesting!**　それはおもしろいです。

That's ....は「それは…です」という意味で，前に述べられたことを指す。interestingの部分にgoodやniceなどを置いて使う。

　例　We have a short break. ―― That's good.

　　　（私たちには短い休憩があります。―― それはいいですね。）

Key Sentenceチェック

★Key Sentenceの用例を覚えよう。

□1. **What time is it now?** —— It is three o'clock.
   今，何時ですか。——３時です。

□2. **What time is it in London?** —— It's one thirty.
   ロンドンでは何時ですか。——１時30分です。

□3. **What time is it in Australia?**
   —— It's nine **in the morning.**
   オーストラリアでは何時ですか。
   —— 午前９時です。

□4. **What time is it in your country?**
   —— It's six **in the afternoon.**
   あなたの国では何時ですか。
   —— 午後６時です。

□5. **What time do you have coffee?**
   —— I have coffee **at eleven a.m.**
   あなたはコーヒーを何時に飲みますか。
   —— 私は午前11時にコーヒーを飲みます。

□6. **What time do you practice tennis?**
   —— **At five p.m.**
   あなたはテニスを何時に練習しますか。
   —— 午後５時です。

□7. **What time do you have morning tea?**
   —— **After** second period.
   モーニングティーは何時にとりますか。
   —— ２時限目のあとにとります。

Key Sentence

㉑ **What animals** can we see in New Zealand?
—— You can see sheep and kiwis.
What sport do you like?
—— I like netball.

㉑ 私たちはニュージーランドでどんな動物を見ること
ができますか。
—— あなたたちはヒツジとキーウィを見ることができます。
あなたは何のスポーツが好きですか。
—— 私はネットボールが好きです。

解説㉑ ▷ 「何の…」「どんな…」とたずねる言い方と答え方

• 「何の…」「どんな…」とたずねるときには，〈what＋名詞〉を文の
はじめに置き，そのあとにふつうの疑問文を続ける。それに対し
てはYes，Noではなく，具体的なものをあげて答える。

What subject do you like? —— I like English.
（あなたは何の教科が好きですか。—— 私は英語が好きです。）

比 較　What is this? —— It's a dog.
（これは何ですか。—— それはイヌです。）

重要表現 ••••••••••••••••••••••••••••••••••••• 教科書p.42 〜 p.43

◆**can ...**　…することができる
動詞の前に置いて，「能力・可能」を表す。
例　She **can play** the piano.
（彼女はピアノをひくことができます。）

◆**..., right?**　…ですよね。
文のあとに置いて，その内容が合っていることを確認する表現。

例 You like animals, right? (あなたは動物が好きですよね。)
↑コンマのあとにright?を置く

◆like ... …のような[に]

具体例を示すときに使う。このlikeはinのような「前置詞」。

例 Practice soccer hard like Kaito.
↑likeのあとに名詞を置く
(カイトのように一生懸命サッカーを練習しなさい。)

◆I'm on the ... team. 私は…のチームに所属している。

「所属」を表す場合はonやinを使う。teamの場合はonを使う。

例 He's on the baseball team.
(彼は野球のチームに所属しています。)

Key Sentenceチェック

★Key Sentenceの用例を覚えよう。

□1. What food do you like? —— I like sushi.
あなたはどんな食べ物が好きですか。—— 私はすしが好きです。

□2. What animals do you like? —— I like cats.
あなたはどんな動物が好きですか。—— 私はネコが好きです。

□3. What sport do you play? —— I play tennis.
あなたは何のスポーツをしますか。—— 私はテニスをします。

□4. What subject do you study every day?
—— I study math.
あなたは何の教科を毎日勉強しますか。
—— 私は数学を勉強します。

1 日本文に合うように，（　　）内に適する語を書こう。

(1) 今，午前10時です。

（ It's ） ten （ a.m. ） now.

(2) あなたはどんな食べ物が好きですか。

（ What ）（ food ）（ do ） you like?

(3) どうぞ前に来てください。

（ Please ）（ come ） to the front.

(4) あなたは朝食を何時に食べますか。——6時です。

（ What ）（ time ）（ do ） you have breakfast?

——（ At ） six.

(5) 緊張しないでください。

（ Don't ）（ be ） nervous.

2 次の英文を〔　　〕内の指示に従って書きかえよう。

(1) You are brave. 〔「…でいなさい」という文に〕

→（ Be ） brave.

(2) You like science. 〔下線部が答えの中心となる疑問文に〕

→（ What ）（ subject ）（ do ） you like?

(3) It's eight o'clock. 〔下線部が答えの中心となる疑問文に〕

→（ What ）（ time ）（ is ）（ it ）?

(4) You speak Japanese here. 〔「…しないで」という文に〕

→（ Don't ）（ speak ） Japanese here.

(5) You come to the library at five.

〔下線部が答えの中心となる疑問文に〕

→（ What ）（ time ）（ do ） you come to the library?

❸ 日本文に合うように，( )内の語句を並べかえよう。

(1) あなたは何色が好きですか。

(color / you / what / like / do)?

<u>What color do you like</u> ?

(2) 私の消しゴムを使わないでください。

(my / use / please / eraser / don't).

<u>Please don't use my eraser</u> .

(3) 私は午後4時にサッカーを練習します。

(p.m. / I / four / soccer / at / practice)

<u>I practice soccer at four p.m.</u>

❹ 英文の意味を表す日本語を完成させよう。

(1) Bring your racket to practice.

練習に(あなたのラケットを持ってきなさい)。

(2) It's 8 a.m. in New Zealand now.

ニュージーランド(では)今，(午前8時)です。

❺ 日本語の意味を表す英文を書こう。

(1) ここを歩かないで。

<u>Don't walk here.</u>

(2) あなたはどんな果物を食べますか。

<u>What fruit(s) do you eat [have] ?</u>

(3) どうぞお茶を飲んでください。

<u>Please drink [have] tea. / Drink [Have] tea, please.</u>

(4) あなたは何時に寝ますか。

<u>What time do you go to bed?</u>

Unit 5 A Japanese Summer Festival

Part 1　どこにあるか・どこにいるかを説明しよう

Key Sentence

㉒ Meg is **by** the bench.
Look at the bench **under** the tree.
Look at the people **on** the stage.

㉒ メグはベンチのそばにいます。
木の下のベンチを見なさい。
舞台上の人々を見なさい。

解説㉒ ▷ **位置を示す前置詞**

• 「…の上」や「…の下」など，人やものの位置を表すときに使う語（前置詞）がある。あとに名詞を置いて1つのかたまりになる。

　　　↓「by＋名詞」で場所を示す1つのかたまり
Meg is | by the bench |. （メグはベンチのそばにいます。）
　　　↑be動詞は「いる，ある」という意味でも用いる。

• 人やものの位置を表すときに使う〈前置詞＋名詞〉を名詞のあとに置いて,「…にいる[ある]～」という意味をつけ加えることができる。

Look at the bench | under the tree |. （木の下のベンチを見なさい。）
　　　　　　　　　　　 under the treeがthe benchを修飾している

Look at the people | on the stage |. （舞台上の人々を見なさい。）
　　　　　　　　　　　 on the stageがthe peopleを修飾している

CHART & CHECK

前置詞	意味	前置詞	意味
by	～のそばに[で・の]	near	～の近くに[で・の]
in	～の中に[で・の]	at	～で
on	～の上に[で・の]	under	～の下に[で]
around	～の近く[まわり]に[で・の]	with	～といっしょに[の]

重要表現 ●●●●●●●●●●●●●●●●●●●●●●●●●●●●●●●●●●●●● 教科書p.48〜p.49

◆**over there**　あそこに，あちらでは，向こうでは

今いる場所より少し離れた「位置」を示す語句として使う。

（関連：here「ここに［で，へ］」，there「そこに［で，へ］」）

　例　My house is **over there**.（私の家は向こうにあります。）

◆**look at ...**　…を見る

lookは「見る」という意味で，atは「…の地点を」という意味。

　例　Look at that gym.（あの体育館を見て。）

◆**in ...**　…を身につけて，…を着て

前置詞inは位置を示すだけではなく，「…を身につけて」という意味でも用いる。

　例　Do you know the boy **in** *yukata*?

　　　（あなたは浴衣を着ている男の子を知っていますか。）

●前置詞のイメージ②

場所を表す前置詞 in，on，at の違いは，

in は「空間」，

on は「面」，

at は「点」

でその位置をとらえるイメージ。

Key Sentenceチェック

★Key Sentenceの用例を覚えよう。

□1. Taro is **on** the stage now.
タロウは今，舞台の上にいます。

□2. A cat is **under** the bench.
ネコがベンチの下にいます。

□3. Your bag is **by** that desk.
あなたのかばんはあの机のそばにあります。

□4. We practice it **at** Midori Hall on Sunday.
私たちは日曜日に緑ホールでそれを練習します。

□5. I walk **in** the park every morning.
私は毎朝，公園(の中)を歩きます。

□6. What do you have **in** that bag?
あなたはそのバッグの中に何を持っていますか。

□7. I live **near** the station.
私は駅の近くに住んでいます。

□8. Do you live **around** here?
あなたはこのあたりに住んでいますか。

□9. I know the girl **with** a dog.
私はイヌといっしょにいる女の子を知っています。

□10. Look **at** the bench **under** that tree.
あの木の下にあるベンチを見なさい。

Part 2　好きなことや楽しんでいること，得意なことを伝えよう

Key Sentence

㉓　I like **dancing**.
　　I am good at **dancing**.

㉓　私はおどることが好きです。
　　私はおどることが得意です。

解説㉓　動詞の…ing形：「…すること」という言い方

• 「…すること」と言うときは，動詞の…ing形を使う。eを取ってing
をつける動詞や，最後の文字を重ねてingをつける動詞もある。

CHART & CHECK

〈動詞の…ing形の例〉

動詞	…ing形
walk（歩く）	walking（歩くこと）
dance（おどる）	dancing（おどること）
swim（泳ぐ）	swimming（泳ぐこと）

その他の例
play tennis（テニスをする）
　　→playing tennis（テニスをすること）
speak English（英語を話す）
　　→speaking English（英語を話すこと）

• 〈like＋動詞の…ing形〉で「…することが好きだ」という意味を表す。
I like **walking**.（私は歩くことが好きです。）
　　↑動詞のwalk（歩く）の…ing形で「歩くこと」

• 〈be good at＋動詞の…ing形〉で「…することが得意だ」という意
味を表す。（＊be＝be動詞）
I am good at **swimming**.（私は泳ぐことが得意です。）
　　↑動詞のswim（泳ぐ）の…ing形で「泳ぐこと」

◆**be good at ...** 　…がじょうずだ，得意だ

goodは「じょうずな，うまい」という意味の形容詞。

　例　Ken is good at soccer.（ケンはサッカーが得意です。）

◆**Thanks.** 　ありがとう。

Thank you.よりもくだけた言い方で，親しい間柄の人に使う。

◆**Come on.** 　さあ。がんばれ。

相手に何かをうながすときの表現。

　例　Come on. Let's run.（さあ。走ろう。）

◆**No, thank you.** 　いいえ，けっこうです。

相手の申し出を断るときの表現。

Key Sentenceチェック

★Key Sentenceの用例を覚えよう。

□1.　I like **cooking**.
　　　私は料理（をすること）が好きです。

□2.　Do you like **running**?
　　　あなたは走ることが好きですか。

□3.　I am good at **playing** basketball.
　　　私はバスケットボールをすることが得意です。

□4.　Kumi is not good at **speaking** English.
　　　クミは英語を話すことが得意ではありません。

□5.　Are you good at **using** a computer?
　　　あなたはコンピュータを使うことが得意ですか。

Part 3 体験したことを伝えよう

Key Sentence

㉔ I went to the summer festival yesterday.

㉔ 私は昨日夏祭りに行きました。

解説㉔ 過去のことを表す言い方

- 「…しました」と過去のことを言うときには，動詞にedやdをつけたり，動詞の形が変わったりする。過去を表す動詞の形を動詞の過去形という。

〈現在を表す文〉 I go to the summer festival.
（私は夏祭りに行きます。）

〈過去を表す文〉 I went to the summer festival yesterday.
　　　　　　　　↑動詞の過去形　　　　　　　　↑過去を表す語
（私は昨日，夏祭りに行きました。）

- 動詞の過去形が(e)dをつける場合

play→played，use→usedのように規則的に変化する動詞を規則動詞という。

〈現在を表す文〉 I walk in the park every morning.
（私は毎朝，公園を歩きます。）

〈過去を表す文〉 I walked in the park this morning.
　　　　　　　　↑walk+ed　　　　　　　↑過去を表す語句
（私は今朝，公園を歩きました。）

CHART & CHECK

原則	語尾にedをつける	play − played watch − watched
eで終わる動詞	語尾にdをつける	use − used live − lived
「子音字+y」で終わる動詞	yをiにかえてedをつける	study − studied

＊d, edの発音は[d ド]，[t ト]，[id イド]。

- 動詞の過去形が(e)dではなく，形がかわる場合

go→went，eat→ateのように不規則に変化する動詞を**不規則動詞**という。

〈現在を表す文〉 I go to the library every day.

（私は毎日，図書館に行きます。）

〈過去を表す文〉 I went to the library yesterday.

　　　　　　　↑goの過去形　　　　　　↑過去を表す語

（私は昨日，図書館に行きました。）

CHART & CHECK

〈不規則動詞の例〉

もとの形	過去形	もとの形	過去形
go	went	eat	ate
see	saw	have	had

重要表現 ・・・・・・・・・・・・・・・・・・・・・・・・・・・・・・ 教科書p.52〜p.53

◆**enjoy ...ing** …して楽しむ

「…して楽しむ」と言うときはenjoyのあとに動詞のing形を置く。

例 I **enjoy seeing** fireworks at the festival.

　　　　　　↑seeのing形　（私はその祭りで花火を見て楽しみます。）

◆**there** そこに［で，へ］

前に出た場所を指して使う語。「で」や「に」の意味を含むので，inやtoなどの場所を表す前置詞は不要。

↓at thereなどとしない

例 I often go to the park. I read a book **there**.

（私はよく公園に行きます。私はそこで本を読みます。）　=in the park

◆**lots of** たくさんの，多数の

もの［名詞］の数や量がたくさんであることを表す語句。数えられる名詞（数）の場合は名詞を複数形にする。

例 I have **lots of books**. （私はたくさんの本を持っています。）

↑bookは数えられる名詞→複数形

◆**at the end of ...** …の終わりに

1つのかたまりで「時」を表す前置詞のように使う。

例 I drink coffee **at the end of** breakfast.

（私は朝食の終わりにコーヒーを飲みます。）

◆**have a ... time** …な時を過ごす

...の部分にはgoodやgreatなどの語を使う。

例 We **had a good time** yesterday.

（私たちは昨日楽しい時を過ごしました。）

◆**from ... to ～** …から～まで

fromは「始点」，toは「終点」を表す。

例 We practice soccer **from** Monday **to** Saturday.

（私たちは月曜日から土曜日までサッカーを練習します。）

Key Sentenceチェック

★Key Sentenceの用例を覚えよう。

□1. I **played** tennis yesterday.
私は昨日，テニスをしました。

□2. Joshua **lived** around here.
ジョシュアはこのあたりに住んでいました。

□3. We **studied** math hard.
私たちは数学を一生懸命に勉強しました。

□4. She **went** to the festival.
彼女はその祭りに行きました。

□5. Meg **ate** toast for breakfast.
メグは朝食にトーストを食べました。

□6. The basketball game **was** exciting.
そのバスケットボールの試合はわくわくしました。

1 日本文に合うように，（　　）内に適する語を書こう。

(1) 私の自転車はあの木のそばにあります。

My bike (is)(by) that tree.

(2) 私は漢字を書くことが得意ではありません。

I am not good (at)(writing) kanji.

(3) 私は美しい花火を見ました。

I (saw) beautiful fireworks.

(4) 私たちはその市場に行きました。

We (went) to the market.

(5) あなたはその公園の近くに住んでいますか。

Do you live (near) the park?

(6) 私たちはいっしょにおどって楽しみました。

We (enjoyed)(dancing) together.

2 次の英文を〔　　〕内の指示に従って書きかえよう。

(1) I like tennis.〔下線部を「テニスを見ること」にかえて〕

→I like (watching)(tennis).

(2) It is cold.〔過去を表す文に〕

→It (was)(cold).

(3) Are you good at use a computer?

〔下線部を正しい形にかえて〕

→Are you good at (using) a computer?

(4) I eat toast every morning.〔下線部を「今朝」にかえて〕

→I (ate) toast (this) morning.

❸ 日本文に合うように，（　　）内の語句を並べかえよう。

(1) 私は10時に寝ました。

(ten / bed / I / to / at / went) .

I went to bed at ten ．

(2) 私は本を読むのが好きではありません。

(don't / books / like / I / reading) .

I don't like reading books ．

(3) ベンチの上のネコはタマです。

(is / the bench / Tama / on / the cat) .

The cat on the bench is Tama ．

❹ 英文の意味を表す日本語を完成させよう。

(1) I like playing soccer with my friends.

私は友達（ といっしょにサッカーをすることが好きです ）。

(2) The girl in the red *yukata* is Kumi.

（ 赤い浴衣を着ている女の子 ）はクミです。

❺ 日本語の意味を表す英文を書こう。

(1) 私は数学を一生懸命勉強しました。

I studied math hard.

(2) あなたはあの木の下にいる男の子を知っていますか。

Do you know the boy under that tree?

(3) 彼は英語を話すことが得意ですか。

Is he good at speaking English?

(4) 私たちは昨日，楽しい時間を過ごしました。

We had a good [great] time yesterday.

Unit 6 A Speech about My Brother

教科書p.57 ～ p.63

Story 1 He lives ... という表現

Key Sentence

㉕ Takuya lives in Cebu.

㉕ タクヤはセブ島に住んでいます。

解説㉕ ▶ 主語がI，you以外で単数の場合，動詞にsかesをつける。

- 自分(I)と相手(you)以外を「三人称」という。主語が三人称・単数(1人，1つ)で現在形の文では，動詞の語尾にsかesをつける。この形を三人称単数現在形という。

〈三人称単数現在形ではない文〉 I live in Cebu.

〈三人称単数現在形の文〉 Takuya lives in Cebu.
三人称単数　動詞にs

- 三人称単数現在形の作り方

CHART & CHECK

原則	語尾にsをつける	like - likes
s, o, x, ch, shなどで終わる語	語尾にesをつける	watch - watches
「子音字+y」で終わる語	yをiにかえてesをつける	study - studies
have	特別な形になる	have - has

＊s, esの発音は[s ス]，[z ズ]，tsで[ts ツ]，esで[iz イズ]など。

重要表現 ・・ 教科書p.59

◆... year(s) old …歳，創立…年

人やものの年齢を表すときに使う表現。

例 My father is forty years old. (私の父は40歳です。)

62

◆**on weekdays** 平日に

月曜日から金曜日までを「平日」としてweekday(s)と表す。

例 Mariko practices the piano on weekdays.

↑「〜の日に」はonを使う

（マリコは平日にピアノを練習します。）

◆**on weekends** 週末に

土曜日と日曜日を「週末」としてweekend(s)と表す。

例 Mariko reads books on weekends.

（マリコは毎週末に本を読みます。）複数形→「毎週末」

◆**go ...ing** …しに行く

行く場所ではなく，何をしに行くのかを伝えるとき，goのあとに動詞のing形を置いて表す。

例 I often go swimming in summer.

（私は夏によく，泳ぎに行きます。）

注意！ ▷「買いものに行く」はgo shoppingという。［×］go to shopping

●次のgo ...ingも覚えておこう！
go dancing（おどりに行く）
go hiking（ハイキングに行く）
go camping（キャンプに行く）
go jogging（ジョギングに行く）
go skating（スケートに行く）
go skiing（スキーに行く）

Key Sentenceチェック

★Key Sentenceの用例を覚えよう。

□1. Mary likes Japanese shrines.
メアリーは日本の神社が好きです。

□2. Jiro plays soccer every day.
ジロウは毎日サッカーをします。

□3. Tom speaks Japanese a little.
トムは少し日本語を話します。

□4. Ms. Cook eats toast and fruit for breakfast.
クック先生は朝食にトーストと果物を食べます。

□5. Kumi practices badminton on Sunday.
クミは日曜日にバドミントンを練習します。

□6. Yuki often goes shopping with her mother.
ユキはよくお母さんと買いものに行きます。

□7. She studies math hard.
彼女は数学を一生懸命に勉強します。

□8. He watches baseball games on weekends.
彼は毎週末に野球の試合を見ます。

□9. My brother has lots of books.
私の兄[弟]はたくさんの本を持っています。

□10. Kaito wants to win the game.
カイトはその試合に勝ちたいと思っています。

Story 2 does not ... という表現

Key
Sentence

㉖ Takuya **does not** write a blog.

㉖ タクヤはブログを書きません。

解説㉖ **三人称単数現在形の否定文**

• 自分(I)と相手(you)以外の人について，「…しません」と否定する
ときは，動詞の前に does not を置き，動詞はもとの形(原形)に
する。(does not = doesn't)

〈ふつうの文〉　Takuya 　　　　　　 writes a blog.

↓　動詞をもとの形(原形)にする

〈否定文〉　Takuya │does not│ write a blog.

動詞の前に does not (doesn't)

重要表現 ・・ 教科書p.60

◆**a lot of**　たくさんの，多数の(a lot of = lots of)

人やものの数や量が多いことを表す表現。数えられる名詞のとき
は複数形にする。

例　Shota reads **a lot of** books. (ショウタはたくさんの本を読みます。)

↑数えられる名詞

例　Shota has **a lot of** homework today.

↑数えられない名詞

(ショウタは今日たくさんの宿題があります。)

プラスワン　同じく「たくさんの…」という意味の many は数えられる
名詞のみに使う。

例　Yuka has **many** pens. (ユカはたくさんのペンを持っています。)

↑数えられる名詞

◆**very much**　とても，たいへん

like や enjoy を用いた文につけて，「…が大好きだ」や「…をとても

楽しむ」と強調するときに使う表現。

例 I enjoyed the festival very much.

（私はその祭りをとても楽しみました。）

◆take pictures　写真を撮る

takeは多義語（多くの意味で用いる語）。写真や動画を撮影する

という意味でも使う。

例 I often take pictures of my dog.

（私はよく自分のイヌの写真を撮ります。）

◆So ...　だから…

前に述べたことのまとめや結論を続けるときに使う語。

例 I like swimming. So I often go to the beach.

（私は泳ぐのが好きです。だから，よくビーチに行きます。）

◆one　1つ［1人］（の）

前に述べた名詞の代わりに用いる語。　　　　　　↓pictureの代わり

例 I like this picture, but I don't like that one.

（私はこの写真は好きですが,あの写真は好きではありません。）

Key Sentenceチェック

★Key Sentenceの用例を覚えよう。

□1. Saki does not play the piano.

サキはピアノをひきません。

□2. Emma does not practice baseball.

エマは野球の練習をしません。

□3. Ms. Green doesn't swim there.

グリーン先生はそこでは泳ぎません。

□4. She doesn't use this racket.

彼女はこのラケットを使いません。

Story 3 Does ... ?という表現

Key Sentence

㉗ Does Takuya like Filipino food?
—— Yes, he **does**. / No, he **does not**.

㉗ タクヤはフィリピン料理が好きですか。
—— はい, 好きです。 / いいえ, 好きではありません。

解説㉗ ▶ 三人称単数現在形の疑問文と答え方

● 自分(I)と相手(you)以外の人について,「…しますか」とたずねる
ときは, 主語の前に**does**を置き, 動詞はもとの形(原形)にする。

〈ふつうの文〉　　　　　Takuya likes Filipino food.

動詞をもとの形(原形)にする

〈疑問文〉　　　 Does Takuya like Filipino food?
　　　　　主語の前にdoes

● Does ...?に対しては, doesを使って答える。

〈疑問文〉　 Does Takuya like Filipino food?

〈答え方〉 —— Yes, he does . 　(はい, 好きです。)

—— No, he does not . (いいえ, 好きではありません。)
　　　　　does notはdoesn'tと短縮することが多い

重要表現 ••• 教科書p.62

◆**and so on** …など

名詞のあとに置いて使う。

例 We study math, science, English, **and so on**.

↑andの前にコンマをつける

(私たちは数学, 理科, 英語などを勉強します。)

◆**like** …のような[に], …に似た, …らしい

likeは動詞としては「…が好きだ」, 前置詞としては「…のような
[に]」という意味を表す。

例　He is like my father.（彼は私の父のようです。）

◆**mean ...**　…を意味する，…のことを言う

meanは「…を意味する」という意味の動詞。

例　*"Hana"*?　Does it mean "flower"?
↑" "マークは日本語の「」のような役割

（「はな」？　それはflowerのことを意味しますか。）

◆**in＋言語**　…語で

inのあとにJapaneseやEnglishなどの言語を置いて使う。

例　*"Hana"* means "flower" in Japanese.

（「はな」は日本語でflowerのことを意味します。）

Key Sentenceチェック

★Key Sentenceの用例を覚えよう。

□1.　Does Ann write Japanese?　── Yes, she does.
アンは日本語を書きますか。── はい，書きます。

□2.　Does he like dancing?　── No, he does not.
彼はおどることが好きですか。

　　── いいえ，好きではありません。

□3.　Does your brother play the guitar?

　　── No, he doesn't.

あなたのお兄さん[弟さん]はギターをひきますか。

　　── いいえ，ひきません。

これが出る! 定期テスト対策

① 日本文に合うように,（　）内に適する語を書こう。

(1) 彼女は毎日, 英語を勉強します。

She (studies) English every day.

(2) ユウタはおもしろい本を持っています。

Yuta (has) an interesting book.

(3) マリアはおどることを楽しみません。

Maria (does)(not)(enjoy) dancing.

(4) サムは日本語を話しますか。

(Does) Sam (speak) Japanese?

(5) あなたのお兄さんは何が好きですか。

What (does) your brother (like)?

② 次の英文を〔　〕内の指示に従って書きかえよう。

(1) I watch baseball.〔主語をSheにかえて〕

→She (watches) baseball.

(2) Taro eats toast for breakfast.〔否定文に〕

→Taro (doesn't)(eat) toast for breakfast.

(3) Aya often goes swimming.〔疑問文にしてYesで答える文に〕

→(Does) Aya often (go) swimming?

—— Yes, (she)(does).

(4) He comes to school by bike.〔主語をWeにかえて〕

→We (come) to school by bike.

(5) He drinks <u>coffee</u> after lunch.

〔下線部が答えの中心となる疑問文に〕

→(What)(does) he (drink) after lunch?

→次ページに続きます。

3 日本文に合うように，（　　）内の語句を並べかえよう。

(1) デイビッドは漢字を書きません。

（ kanji / not / David / write / does ）．

<u>David does not write kanji</u> ．

(2) タナカ先生はどの教科を教えていますか。

（ subject / teach / Mr. Tanaka / what / does ）？

<u>What subject does Mr. Tanaka teach</u> ？

(3) サキはときどき公園で写真を撮ります。

（ the park / pictures / in / sometimes takes / Saki ）．

<u>Saki sometimes takes pictures in the park</u> ．

4 英文の意味を表す日本語を完成させよう。

(1) My brother doesn't like reading books.

私の兄[弟]は（ 本を読むことが好きではありません ）。

(2) What time does your mother usually get up?

あなたのお母さんは（ ふだん何時に起きますか ）。

5 日本語の意味を表す英文を書こう。

(1) 私の姉[妹]はよく泳ぎに行きます。

<u>My sister often goes swimming.</u>

(2) 彼はこのラケットを使いません。

<u>He does not [doesn't] use this racket.</u>

(3) ケンは週末にテニスをしますか。

<u>Does Ken play tennis on weekend(s)?</u>

(4) （(3)の答えとして）いいえ，しません。

<u>No, he does not [doesn't] .</u>

Today's Point　1

① Can I turn on the fan? —— Sure.
② Can you help me? —— All right.

① 扇風機をつけてもよいですか。—— もちろん。
② 手伝ってくれますか。—— わかった。

解説① ▷ 「…してもよいですか」と許可を求める言い方

- 「…してもよいですか」と相手に許可を求めるときは，Can I …? の形を使う。それに対して応じるときは，Sure. / All right. / OK.などと言う。許可しないときや断るときには，Sorry, you can't.やSorry, but ….と言ったあとに理由を付け加える。

A : Can I turn on the fan?
　　　　　　　↑動詞のもとの形（原形）
B : Sure.（もちろん。）

A : Can I use this computer?
　　（このコンピュータを使ってもよいですか。）

B : Sorry, you can't. I'm using it now.
　　（ごめんなさい，だめです。私が今使っています。）

解説② ▷ 「…してくれますか」と依頼する言い方

- 「…してくれますか」と相手にたのむときには，Can you…? の形を使う。Can I …?と同様に，それに対して応じるときは，Sure. / All right. / OK.，断るときには，Sorry, I can't.やSorry, but ….と言ったあとに理由を付け加える。

A : Can you help me?
　　　　　↑動詞のもとの形（原形）

B :〈応じるとき〉　All right. (わかった。)

　　〈断るとき〉　Sorry, I can't. I'm busy now.

　　　　　　　(ごめんなさい，できません。今，忙しいです。)

A : Can you open the window? (窓を開けてくれますか。)
　　　　　　　↑動詞のもとの形(原形)
B : Sure. (もちろん。)

重要表現 •• 教科書p.64

◆**turn on**　(スイッチ)を入れる，つける

テレビや扇風機などのスイッチを「入れる」という意味。

　例　Please turn on the TV. (テレビをつけてください。)

◆**No problem.**　いいですよ。もちろん。

problemは「問題」という意味で，No problem.はもともと「問題
ありません。」という意味。

　例　Can I open the window? ── No problem.
　　　(窓を開けてもよいですか。── いいですよ。もちろん。)

◆**help ... with ～**　…の～を手伝う

helpのあとの部分には手伝う相手，withのあとの部分には手伝
う内容を置く。

　例　I help my sister with her homework.
　　　(私は妹の宿題を手伝います。)

◆**All right.**　よろしい。わかった。了解した。

「すべて大丈夫だ」という意味の表現。

◆**Just a moment.**　ちょっと待って。

文字どおり，少しだけ待ってほしいときに使う表現。

◆**Sorry, but ....**　申し訳ないけれど，（理由）

butのあとに「理由」を述べる。

　例　Can you help me?

　　　── **Sorry, but** I'm not free now.

　　　（手伝ってくれますか。

　　　── 申し訳ないけれど，今はひまではありません。）

◆**I'm busy now.**　今忙しいのです。

依頼などをされて断るときの理由などで使う。

　例　Can you help me?

　　　── Sorry, but **I'm busy now.**

　　　（手伝ってくれますか。

　　　── 申し訳ないけれど，今忙しいのです。）

◆**I'm using [reading] it.**　それを使っています[読んでいます]。

許可を求められて断るときの理由などで使う。

　例　Can I use this table?

　　　── Sorry, but **I'm using it now.**

　　　（このテーブルを使ってもよいですか。

　　　── 申し訳ないけれど，私が今それを使っています。）

1 日本文に合うように，（　　）内に適する語を書こう。

(1) ちょっと待ってください。

(Just) a (moment), please.

(2) 申し訳ありませんが，今忙しいのです。

Sorry, but I'm (busy)(now).

(3) いいですよ。もちろん。

(No)(problem).

(4) 彼は今，妹の宿題を手伝っています。

He's (helping) his sister (with) her homework.

(5) 了解しました。

(All)(right).

(6) テレビをつけてください。

Please (turn)(on) the TV.

(7) そのドアを開けてくれますか。

(Can)(you) open the door?

2 日本文に合うように，（　　）内の語を並べかえよう。

(1) 夕食後にテレビを見てもよいですか。

(dinner / watch / I / TV / after / can)?

<u>Can I watch TV after dinner</u>　　　　？

(2) 私たちとバスケットボールをしてくれますか。

(basketball / you / us / can / with / play)?

<u>Can you play basketball with us</u>　　　　？

❸ 許可を求めたり，依頼したりする次の表現に対する応答として
   適するものを，□□から選んで書こう。

(1) A : Can I use your racket?

   B : ___Sorry, but it's my brother's.___

(2) A : Can I play the guitar now?

   B : ___Sorry, you can't. My sister is studying.___

(3) A : Can you cook lunch?

   B : ___All right. How about curry?___

   > ・Sorry, you can't. My sister is studying.
   > ・All right. How about curry?
   > ・Sorry, but it's my brother's.

❹ 英文の意味を表す日本語を完成させよう。

(1) Can you help me in the kitchen?
   台所で(私を手伝ってくれますか)。

(2) ((1)に答えて) Sorry, I can't. I have a lot of homework.
   すみませんが(手伝えません。私は宿題がたくさんあります)。

❺ 日本語の意味を表す英文を書こう。

(1) あなたの家に行ってもよいですか。

   ___Can I go to your house?___

(2) 私にこの本を読んでくれますか。

   ___Can you read this book to me?___

Unit 7 Foreign Artists in Japan

Story 1 him（彼を[に]），her（彼女を[に]）という表現

Key Sentence

㉘ That is Kaito. Do you know **him**?
That is Meg. Do you know **her**?

㉘ あちらはカイトです。あなたは彼を知っていますか。
あちらはメグです。あなたは彼女を知っていますか。

解説㉘ ▷ 人やものについて「…を，…に」と言うときの形

• 「彼」や「彼女」などを表す代名詞は，動詞のあとに置く場合，決まった形（代名詞の目的格）を使う。
「彼を[に]」はhim，「彼女を[に]」はher，「彼らを[に]」はthem
で表す。

〈男性1人についての文〉 That is <u>Kaito</u>.（あちらはカイトです。）

「彼を…」 Do you know **him**?（あなたは彼を知っていますか。）

〈女性1人についての文〉 That is <u>Meg</u>.（あちらはメグです。）

「彼女を…」 Do you know **her**?（あなたは彼女を知っていますか。）

〈複数の人についての文〉 <u>Kota and Mari</u> are my friends.
（コウタとマリは私の友達です。）

「彼らを…」 Do you know **them**?（あなたは彼らを知っていますか。）

CHART & CHECK

…は	…の	…を[に]	…のもの	…は	…の	…を[に]	…のもの
I	my	me	mine	we	our	us	ours
you	your	you	yours	you	your	you	yours
he she it	his her its	him her it	his hers –	they	their	them	theirs
Ken	Ken's	Ken	Ken's				

it の行の「…のもの」の列を見てごらん。何もないよね。ほかから類推すれば its って形ができるけれど，it はものをさすので，ものについて「それのもの」って言うのもなんだか変だから，ないことになっているのかもね。

重要表現 ••••••••••••••••••••••••••••••••• 教科書p.68 ～ p.69

◆**look at ...**　…を見る

動詞lookは「見る」という意味。「…を」と言うときはat ...をつける。

例　Look at the boy on the stage.

（舞台の上の男の子を見なさい。）

◆**at ...**　…に，…で

前置詞at ...は位置や場所（一地点）を示す。

例　I saw Kumi at the library.

（私は図書館でクミを見ました。）

◆**the U.K.**　イギリス（国名）

the United Kingdomの略。

例　He's from the U.K.

（彼はイギリス出身です。）

Key Sentenceチェック

★Key Sentenceの用例を覚えよう。

□1. I like **him** very much.
　　　私は彼が大好きです。

□2. Do you know **her**?
　　　あなたは彼女を知っていますか。

□3. My father doesn't know **them**.
　　　私の父は彼らを知りません。

□4. Does he know **you** and **me**?
　　　彼はあなたと私を知っていますか。

□5. This is my brother's bike. I sometimes use **it**.
　　　これは私の兄の自転車です。私はときどきそれを使います。

□6. Do you often see **him**?
　　　あなたはよく彼と会いますか。

□7. He likes **her** very much.
　　　彼は彼女が大好きです。

□8. You can make **them** in the art room.
　　　あなたは美術室でそれらをつくることができます。

□9. Mary wants to see **you** and **me**.
　　　メアリーはあなたと私に会いたがっています。

□10. This is a nice bag. I want to buy **it**.
　　　これはすてきなバッグです。私はそれを買いたいです。

Story 2 Which(どれ・どちら)という表現

Key Sentence

㉙ Which does she speak, English **or** Japanese?
── She speaks English.

㉙ 彼女は英語と日本語のどちらを話しますか。
── 彼女は英語を話します。

解説㉙ ▷ 「Which(どれ・どちら)」という表現

- 決められたものの中から「どれ？　どちら？」とたずねるときは，Whichを文頭に置き，そのあとに疑問文を続ける。

「Aですか，それともBですか」と指定するときは，A or Bの形を文末に加える。

「AかBのどちらを…」　Which does she speak,

English **or** Japanese?　A or Bの前に
コンマを入れる。

〈答え方〉　── She speaks English.

重要表現 ･････････････････････････････････････ 教科書p.70

◆**only**　ただ…だけ

いろいろな語につける副詞。

「少ない」ということを伝えるときに使う。

例　I have **only** one bag.

（私はかばんを1つだけ持っています。→1つしか持っていません。）

◆**Sounds ....**　…そうですね。

相手の話がどのように聞こえるかを伝える表現。

例　**Sounds** exciting.（わくわくしそうですね。）
　　　↑形容詞を置く

◆**next**　次の，今度の，となりの

next Sundayで「次の日曜日」と表せる。

例 Let's play soccer **next** Sunday.

（次の日曜日にサッカーをしましょう。）

◆**Why don't we ...?** （いっしょに）…しませんか。

Let's ....と同様に，相手を誘う表現。

例 **Why don't we** go to the festival?

（祭りに行きませんか。）

◆**Sure.** もちろん。いいとも。

了解の返事をするときに使う語。

例 Can you help me? —— **Sure.**

（手伝ってくれますか。—— いいですよ。）

Key Sentenceチェック

★Key Sentenceの用例を覚えよう。

□1. **Which** do you play, the piano **or** the guitar?

—— I play the piano.

あなたはピアノとギターのどちらをひきますか。

—— 私はピアノをひきます。

□2. **Which** does David have, a dog **or** a cat?

—— He has a cat.

デイビッドはイヌとネコのどちらを飼っていますか。

—— 彼はネコを飼っています。

□3. **Which** is his favorite, soccer **or** tennis?

—— Tennis is.

彼のお気に入りはサッカーとテニスのどちらですか。

—— テニスです。

Story 3 Whose(だれの)という表現

Key Sentence

㉚ Whose ticket is this?
—— It is **mine**.

㉚ これはだれのチケットですか。
—— それは私のものです。

解説㉚ ▷「だれの…ですか」とたずねる言い方と答え方

- 「だれの…」と持ち主をたずねるときは，〈Whose＋名詞〉を文頭に置き，そのあとにふつうの疑問文を続ける。

「あなたの…ですか」　　　　　Is this your ticket?

「だれの…ですか」　　　 Whose ticket is this?
　　　　　　　　　　　↑Whose＋名詞

- Whose ...?に対しては，「…のもの」を表す語句を使って答える。

Whose ticket is this?

—— It is **mine**. (それは私のものです。)
　　　　　 = my ticket

CHART & CHECK

私のもの	mine
あなたのもの あなたたちのもの	yours
彼のもの	his
彼女のもの	hers
私たちのもの	ours
彼らのもの	theirs
ケンのもの	Ken's
私の父のもの	my father's

＊Ken's「ケンのもの」のように，〈人の名前＋'s〉や〈人を表す語句＋'s〉で「…のもの」という意味を表す。

◆**in ...** …後に

「…以内」という意味とは異なるので注意。

 例 The *rakugo* show starts **in** ten minutes.

  （落語ショーが10分後に始まります。）

◆**(Kaito)'s** （カイト）の（もの）

〈人の名前+'s〉や〈人を表す語句+'s〉で「…の」「…のもの」という

意味を表す。

 例 This is **Kaito's**, and that is his **teacher's**.

  （これはカイトのもので，あれは彼の先生のものです。）

◆**Here you are.** はい，どうぞ。

ものを手渡すときに用いる表現。

◆**be careful with ...** …の扱いに気をつける

carefulは「注意深い」という意味の形容詞。

 例 Please **be careful with** this computer.

  （このコンピュータの取り扱いには気をつけてください。）

Key Sentenceチェック

★Key Sentenceの用例を覚えよう。

□1. **Whose** cup is this? —— It is **mine**.

  これはだれのカップですか。—— それは私のものです。

□2. **Whose** desk is that? —— It's **his**.

  あれはだれの机ですか。—— それは彼のものです。

□3. **Whose** guitar is this? —— It's **Ken's**.

  これはだれのギターですか。—— それはケンのものです。

□4. **Whose** ball is that? —— It's **my coach's**.

  あれはだれのボールですか。—— それは私のコーチのものです。

これが出る！ 定期テスト対策 教科書p.67 ～ p.73

① 日本文に合うように，（　　）内に適する語を書こう。

(1) 私は彼を知りません。

I don't know (him).

(2) あれはだれのラケットですか。

(Whose)(racket) is that?

(3) あなたはペンか鉛筆のどちらを使いますか。

(Which) do you use, a pen (or) a pencil?

(4) これはあなたのものですか。

Is this (yours)?

(5) 私の兄の自転車はかっこいいです。

My (brother's)(bike) is cool.

② 次の英文を〔　　〕内の指示に従って書きかえよう。

(1) Do you know <u>they</u>? 〔下線部を正しい形にかえて〕

→Do you know (them)?

(2) Does <u>your brother</u> like <u>your sister</u>? 〔下線部を代名詞にかえて〕

→Does (he) like (her)?

(3) That book is <u>my book</u>. 〔下線部を1語の代名詞に〕

→That book is (mine).

(4) This is <u>your</u> bag. 〔下線部が答えの中心となる疑問文に〕

→(Whose)(bag) is this?

(5) Do you speak Japanese? Do you speak English?

〔「どちらを…」とたずねる1文に〕

→(Which) do you speak, Japanese (or) English?

→次ページに続きます。

❸ 日本文に合うように, ( )内の語を並べかえよう。ただし, 不要な語が1語ある。

(1) 彼らは私のことを知りません。

(don't / I / me / know / they) .

<u>They don't know me</u> .

(2) あれはだれの消しゴムですか。

(eraser / that / is / which / whose) ?

<u>Whose eraser is that</u> ?

(3) あなたはコーヒーとお茶のどちらを飲みますか。

(, / tea / drink / do / or / you / coffee / whose / which) ?

<u>Which do you drink, coffee or tea</u> ?

❹ 英文の意味を表す日本語を完成させよう。

(1) Be careful with my grandfather's pottery.

私の(祖父の)陶器の扱いに(気をつけてください)。

(2) Why don't we go shopping together?

(いっしょに)買いものに(行きませんか)。

❺ 日本語の意味を表す英文を書こう。

(1) あなたは私たちを知っていますか。

<u>Do you know us?</u>

(2) これは私の先生の家です。

<u>This is my teacher's house.</u>

(3) あれはだれのボールですか。── それは彼女のものです。

<u>Whose ball is that? ── It is [It's] hers.</u>

(4) あなたのお兄さんはサッカーと野球のどちらをしますか。

<u>Which does your brother play, soccer or baseball?</u>

Let's Talk 2
体調
―説明する・指示する―

Today's Point　2

③ What's wrong? ―― I have a headache.

③ どうしましたか。―― 頭痛がします。

解説③ ▷ **体の不調についてのやりとりのしかた**

●**相手の体調についてたずねるとき**

次のような表現を使う。

・**What's wrong?**（どうしましたか。）
　　　　　　↑「ぐあいが悪い」

ほかにも次のようにたずねることができる。

・**What's the matter?**（どうしましたか。）
　　　　　　　↑「困ったこと，問題」

どちらの表現も，体の調子だけではなく，相手の全般的な状態を
気づかうときに使うことができる。また，あいさつにも使われる
How are you?（調子はどうですか。）も相手の全般的な状態を
たずねる表現である。

●**自分の体の状態を説明するとき**

体の不調を説明するときは〈I have a + 症状を表す語 .〉の形を
使う。

・**I have a** headache .（頭痛がします。）

　　　　　　の部分をstomachache（腹痛），toothache（歯痛），
fever（熱）などにかえることで，いろいろな症状を説明できる。
また，痛いところをさして，次のように症状を伝えることもで
きる。

- ・I have a pain here. (ここが痛いです。)
- ・My leg hurts. (脚が痛いです。)
- ・症状(体調)の程度を伝えるときは，次のように言う。
  - ・Not very good. (あまりよくありません。)
  - ・(I feel) terrible. (ひどいです。)
  - ・So-so. (まあまあです。)

●**ぐあいが悪い相手に指示するとき**

次のような表現を使う。

- ・Go home and rest. (家へ帰って休みなさい。)
- ・Go to the doctor [dentist]. (医者[歯科医]へ行きなさい。)
- ・Take this medicine. (この薬を飲みなさい。)

重要表現 ・・・ 教科書p.74

◆**That's too bad.**　それはいけませんね。

tooは「あまりにも」，badは「悪い」という意味。

「それはお気の毒です。」のように相手を気づかって使う。

◆**take a rest**　ひと休みする

restは名詞で「休み」という意味で，take a restで「ひと休みする」
となる。restには動詞で「休む」という意味もある。

これが出る! 定期テスト対策

① 日本文に合うように，（　　）内に適する語を書こう。

(1) サキ，どうしましたか。

（ What's ）wrong, Saki?

(2) 頭痛がしますか。

Do you（ have ）a（ headache ）?

(3) ひどいのです。

I feel（ terrible ）.

(4) 私は歯が痛いです。

I（ have ）a（ toothache ）.

(5) 医者へ行きなさい。

（ Go ）（ to ）the doctor.

(6) この薬を服用しなさい。

（ Take ）this（ medicine ）.

② 日本文に合うように，（　　）内の語を並べかえよう。

(1) ひと休みしなさい。

（ rest / a / take ）.

Take a rest _____.

(2) 保健室へ行きなさい。

（ nurse's / go / office / to / the ）.

Go to the nurse's office _____.

(3) 脚が痛いですか。

（ leg / does / hurt / your ）?

Does your leg hurt _____?

→次ページに続きます。

❸ 次のような場合, 何と言えばよいか。適切な表現を □ から選ぼう。

(1) ぐあいの悪そうな相手に「どうしたの？」とたずねるとき

What's wrong?

(2) 腹痛をうったえるとき

I have a stomachache.

(3) 「あまりよくない」と症状の程度を答えるとき

Not very good.

(4) 痛むところをさして「ここが痛い」とうったえるとき

I have a pain here.

| ・What's wrong? | ・I have a pain here. |
| ・I have a stomachache. | ・Not very good. |

---

❹ 英文の意味を表す日本語を完成させよう。

(1) That's too bad.

それは(いけませんね)。

(2) What's the matter, Sally?

サリー，(どうしましたか)。

❺ ( )内の語を使って，日本語の意味を表す英文を書こう。

(1) 私は熱があります。(fever)

I have a fever.

(2) 家へ帰って休みなさい。(rest)

Go home and rest. / Go home and take a rest.

(3) 調子はどうですか。(how)

How are you? / How do you feel?

Unit 8 A Surprise Party

教科書p.77 ～ p.83

Story 1　現在進行形

Key Sentence

㉛　I **am** watch**ing** TV now.

㉛　私は今テレビを見ています。

解説㉛▷ **現在進行形：今している動作を表すとき**

・「…しています」と，今している動作を表すときには，動詞の…ing
形を使い，〈am（またはare, is）＋…ing〉で表す。この形を現在
進行形という。

〈現在形〉　　　　I ──watch── TV every day.

（私は毎日テレビを見ます。）

〈現在進行形〉　I │am watching│ TV now.

↑be動詞＋動詞の…ing形

CHART & CHECK

原則	語尾にingをつける	read - reading talk - talking
eで終わる動詞	eをとって ingをつける	take - taking come - coming
「短母音+子音字」で 終わる動詞	語尾の子音字を 重ねてingをつける	run - running

プラスワン　know（知っている）やwant（欲しい）などの「状態」を表
す動詞は現在進行形にしない。

「私は…を知っています。」　［×］　I am knowing ....

　　　　　　　　　　　　　　［○］　I know ....

◆**Hello. This is ....** もしもし。こちら（私）は…です。

電話での表現。自分のことを名乗る場合，This is ....を使う。

> 例 Hello. This is Shota.（もしもし。こちらはショウタです。）

◆**What's up?** どうしたのですか。

広く使われる会話表現。あいさつとしても使う。

> 例 Hi, Taro. What's up?（やあ，タロウ。どうしてる？）

◆**sound like ...** …のように聞こえる，思える

相手の話がどのように聞こえるか感想を述べる表現。likeは前置詞で，あとに名詞を置く。形容詞を置く場合はlikeは使わない。

> 例 Sounds like a good idea.（いい考えに聞こえます。）

◆**Can you ...?** …してくれますか。

相手に依頼するときの表現。

> 例 Can you help me?（私を手伝ってくれますか。）

◆**look forward to ...** …を楽しみに待つ

> 例 I'm looking forward to the concert.
>
> （私はそのコンサートを楽しみに待っています。）

◆**See you.** またね。

別れるときの会話表現。

> ●じゃあね！
> 人と別れるときの会話表現には，Goodbye. や See you. のほかに，Take care.（じゃあね。）という表現もよく使われる。これは単に「またね，さようなら」よりも「会えない間もお元気で」という相手を思う気持ちが込められた表現だよ。

Key Sentenceチェック

★Key Sentenceの用例を覚えよう。

□1. I am reading a book.
　　私は本を読んでいます。

□2. He is running in the park now.
　　彼は今，公園を走っています。

□3. We are playing tennis with Yuki.
　　私たちはユキといっしょにテニスをしています。

□4. My sister is studying English now.
　　私の姉［妹］は今，英語を勉強しています。

□5. She is watching rugby now.
　　彼女は今，ラグビーを見ています。

□6. They are practicing at Midori Hall.
　　彼らは緑ホールで練習しています。

□7. His brother is swimming in the sea now.
　　彼の兄［弟］は今，海で泳いでいます。

□8. Maki and I are using this computer.
　　マキと私はこのコンピュータを使っています。

□9. I'm eating lunch now.
　　私は今，昼食を食べています。

□10. She's taking a video now.
　　彼女は今，動画を撮っています。

□11. We're looking forward to tomorrow.
　　私たちは明日を楽しみにしています。

Story 2　現在進行形の疑問文

Key Sentence

㉜　Are you taking a picture?
　　── Yes, I am. / No, I am not.
　　What are you doing?
　　── I am writing a birthday card.

㉜　あなたは写真を撮っているのですか。
　　── はい，そうです。/ いいえ，ちがいます。
　　あなたは何をしていますか。
　　── 私は誕生日カードを書いています。

解説㉜　現在進行形の疑問文：「…していますか」という言い方と答え方

• 「…していますか」とたずねるときは，am（またはare, is）を主語の前に出す。それに対しては，am（またはare, is）を使って答える。

〈ふつうの文〉　You are taking a picture.

　　　　　　　　　　　　　　（あなたは写真を撮っています。）

　　　　　　　　↓ areを主語の前に出す

〈疑問文〉　　 Are you taking a picture?

〈答え方〉　　 Yes, I am . / No, I am not .

●現在進行形の否定文：「…していません」という言い方

• 「…していません」と否定するときは，am（またはare, is）のあとにnotを置く。

　　　　　　　　↓ be動詞のあとにnotを置く

〈否定文〉　　 I am not taking a picture.

　　　　　　　　　　　（私は写真を撮っていません。）

●「何をしていますか」という言い方

• whatを文頭に置き，そのあとに一般動詞のdo（～をする）のing形を使って進行形の疑問文を続ける。それに対しては，現在進行中の動作を具体的に示し，進行形で答える。

What are you doing?

―― I am writing a birthday card.

重要表現 •• 教科書p.80

◆**take a video**　動画を撮る

take a picture（写真を撮る）と同様に，動詞takeを使う。

　例　Are you taking a video?

　　　（あなたは動画を撮っていますか。）

◆**for**　…のために［の］

「利益」を意味するforの使い方。

　例　Mr. Tanaka does many things for his students.

　　　（タナカ先生は生徒のためにたくさんのことをします。）

◆**say ... to ～**　～に…を言う

何かを言う相手を示すときはtoを使う。

　例　I say "Good morning" to my classmates.

　　　（私はクラスメートに「おはよう」と言います。）

◆**Happy birthday!**　誕生日おめでとう。

「幸せな誕生日でありますように」などの思いを込めた誕生日を祝う表現。

　例　Happy birthday, Meg.　―― Thank you.

　　　（誕生日おめでとう，メグ。―― ありがとう。）

◆**best friend**　最もよい友達，親友

bestは「最もよい」という意味を示す語。

　例　Ken is my best friend.（ケンは私の最もよい友達です。）

Key Sentenceチェック

★Key Sentenceの用例を覚えよう。

□1. Is he taking a video?
    —— Yes, he is.
    彼は動画を撮っていますか。
    —— はい，そうです。

□2. Are you writing a birthday card?
    —— No, I am not.
    あなたは誕生日カードを書いていますか。
    —— いいえ，ちがいます。

□3. Are they drinking coffee?
    —— No, they are not.
    彼らはコーヒーを飲んでいますか。
    —— いいえ，ちがいます。

□4. What are you reading?
    —— I am reading a comic book.
    あなたは何を読んでいますか。
    —— 私はマンガ本を読んでいます。

□5. What are you doing?
    —— I am preparing a party.
    あなたは何をしていますか。
    —— 私はパーティーの準備をしています。

□6. What is Aya doing now?
    —— She is having lunch.
    アヤは今，何をしていますか。
    —— 彼女は昼食を食べています。

Story 3 「なんて…だろう！」という表現

Key Sentence

㉝ How nice!
What a cute bag!

㉝ なんてすてきなのでしょう！
なんてかわいいバッグでしょう！

解説㉝ ▷ 感動や驚きを表すときの言い方

• 驚きや感動を表現するとき，〈How＋形容詞か副詞＋！〉や〈What＋名詞を含む語句＋！〉という形を使う。文末はピリオドではなくエクスクラメーションマーク（！）を使う。このような文を感嘆文という。

〈How ...!〉　　How ┌nice┐ ! ◀── エクスクラメーションマーク
　　　　　　　　　　　　形容詞
〈What ...!〉　　What ┌a cute bag┐ !
　　　　　　　　　　　名詞を含む語句
　　　　　　　　　　　（a[an]＋）（形容詞＋）名詞

重要表現 ・・教科書p.82

◆**come in** 入る

外から部屋など「（の中）に入る」ことを意味する。

例　Please come in.（入ってください。）

◆**Oh, my goodness!** （驚きを表して）えっ。おや。まあ。

驚いたときや喜びを表すときに使う表現。

例　This is a present for you.

—— Oh, my goodness!　Thank you.

（あなたへのプレゼントです。—— おや，まあ！ありがとう。）

◆**of course** もちろん

当然であることを伝える表現。

例　Can I go with you?　── Of course.
（あなたといっしょに行ってもいいですか。── もちろんです。）

◆You're welcome.　どういたしまして。

お礼を言われたときに応答する表現。

例　Thank you so much.　── You're welcome.
（どうもありがとう。── どういたしまして。）

Key Sentenceチェック

★Key Sentenceの用例を覚えよう。

□1.　How cute!
　　　なんてかわいいのでしょう！

□2.　How big!
　　　なんて大きいのでしょう！

□3.　What a surprise!
　　　なんて驚きでしょう！

□4.　What a cool bike!
　　　なんてかっこいい自転車でしょう！

□5.　What an interesting book!
　　　なんておもしろい本でしょう！

□6.　How wonderful!
　　　なんてすばらしいのでしょう！

□7.　How delicious!
　　　なんておいしいのでしょう！

□8.　What beautiful flowers!
　　　なんて美しい花でしょう！

これが出る！ **定期テスト対策**　　教科書p.77 〜 p.83

① 日本文に合うように，（　　）内に適する語を書こう。

(1) なんて美しいのでしょう！

（ How ）beautiful!

(2) 彼らは今，テレビを見ています。

They（ are ）（ watching ）TV now.

(3) なんてかわいいネコでしょう！

（ What ）（ a ）cute cat!

(4) 私は動画を撮っていません。

（ I'm ）（ not ）（ taking ）a video.

(5) あなたは今，何をしていますか。

（ What ）（ are ）you（ doing ）now?

② 次の英文を〔　　〕内の指示に従って書きかえよう。

(1) He studies English. 〔現在進行形の文に〕

→He（ is ）（ studying ）English.

(2) Ms. Sato is swimming now. 〔疑問文にして, Yesで答える文に〕

→（ Is ）Ms. Sato（ swimming ）now?

—— Yes,（ she ）（ is ）.

(3) I am using this computer. 〔主語をKenにかえて〕

→Ken（ is ）（ using ）this computer.

(4) You are eating <u>a candy</u>. 〔下線部が答えの中心となる疑問文に〕

→（ What ）（ are ）you（ eating ）?

(5) Aya is <u>playing the piano</u>. 〔下線部が答えの中心となる疑問文に〕

→（ What ）（ is ）Aya（ doing ）?

→次ページに続きます。

❸ 日本文に合うように，（　　）内の語を並べかえよう。

(1) なんてわくわくする試合でしょう！

（ game / an / what / exciting ）！

<u>What an exciting game</u>！

(2) 彼は何を食べていますか。

（ eating / is / he / what ）？

<u>What is he eating</u>？

(3) ユカはそのパーティーを楽しみにしています。

（ the party / forward / is / to / Yuka / looking ）．

<u>Yuka is looking forward to the party</u>．

❹ 英文の意味を表す日本語を完成させよう。

(1) Sounds like a lot of fun.

（ とても楽し［おもしろ］そうですね ）。

(2) Happy birthday, Kumi!　── Oh, my goodness! Thank you.

（ 誕生日おめでとう ），クミ。──（ おや，まあ ）！ありがとう。

❺ 日本語の意味を表す英文を書こう。

(1) ケンは今，走っていません。

<u>Ken is not ［isn't］ running now.</u>

(2) 彼女は日本語を書いていますか。

<u>Is she writing Japanese?</u>

(3) なんて興味深い写真でしょう。

<u>What an interesting picture!</u>

(4) 彼らは今，何をしていますか。

<u>What are they doing now?</u>

Today's Point　3

④ Dear Meg,
⑤ Happy Birthday!

④ メグへ,
⑤ お誕生日おめでとう。

解説④⑤▷ 誕生日のカードをおくるときの表現

• カードや手紙は,〈Dear＋相手の名前,〉というはじめのあいさつではじめる。

　Dearは「親愛なる…(様)」という意味。

• 誕生日カードならば,〈Happy Birthday!〉(誕生日おめでとう。)のメッセージを書き,そのあとにことばをそえることもある。

• 最後は,Love, やTake care, (お大事に)やBest wishes, (幸せを祈ります)などのあいさつのあと,署名する。

重要表現 ･･･ 教科書p.84

◆**Best wishes for ....**　…の幸せを祈ります。

誕生日のカードなどにそえる言葉。

　例　Best wishes for your 13th birthday.

　　　(13回目の誕生日の幸せを祈ります。)

◆**Happy New Year!**　新年おめでとう。

年賀状に書くメッセージ。

◆**Get well soon!**　早く元気になってね。

病気見舞いのカードに書くメッセージ。get wellは「元気になる」,soonは「すぐに,まもなく」という意味。

Unit 9　Think Globally, Act Locally

教科書p.87〜p.93

Story 1　I want to ...

Key Sentence

㉞ She wants **to help** people in need.
She tries **to do** her best.

㉞ 彼女は困っている人々を助けたいと思っています。
彼女は最善を尽くそうとしています。

解説㉞〉〈to＋動詞の原形〉：「…すること」という言い方

- like, want, try, needなどの動詞のあとに不定詞〈to＋動詞の原形〉を置くと,「…すること」や「…であること」という意味になる。

●〈want to＋動詞の原形〉で「…したい」という意味を表す

〈help ...〉　　　　　　　She　　　　　　helps people in need.
〈want to＋動詞の原形〉　She wants to help people in need.
　　　　　　　　　　　　　　動詞は原形に↑　　↑「困っている人々」

●〈try to＋動詞の原形〉で「…しようとする」という意味を表す

〈try to＋動詞の原形〉　She tries to do her best.

●〈like to＋動詞の原形〉で「…することが好き」という意味を表す

〈like to＋動詞の原形〉　I like to watch soccer.
　　　　　　　　　　　　　↑好きなものは「サッカーを見ること」
（私はサッカーを見るのが好きです。）

●〈need to＋動詞の原形〉で「…する必要がある」という意味を表す

〈need to＋動詞の原形〉　He needs to clean his room.
　　　　　　　　　　　　　↑必要なのは「部屋を掃除すること」
（彼は自分の部屋を掃除する必要があります。）

●主語が三人称単数でも〈to＋動詞の原形〉の形はかわらない

Aya **needs** to read the book.

↑主語が三人称単数でも，needにsをつけるのみで，〈to＋動詞の原形〉はかわらない。

（アヤはその本を読む必要があります。）

重要表現 ･･････････････････････････････････････∙教科書p.88 ～ p.89

◆**in need** 困っている

「困っている状態にある」ことを意味する。

例　I want to help people in need.

↑in needがpeopleを修飾している

（私は困っている人々を助けたいです。）

◆**do her best** 最善を尽くす

herの部分にはmyやyour, his, ourなど代名詞の「…の」（所有格）がくる。

例　Let's do our best. （私たちの最善を尽くしましょう。）

↑「私たちの最善」＝our best

◆**I'm (not) sure ....** 私は…を確信している（していない）。

sureは「確信して」という意味の形容詞。

例　I'm not sure about my dream.

（私は自分の夢についてはっきりしていません。）

◆**others** ほかの人たち［もの］

otherは「ほかの人［もの］」という意味だが，複数形にすると「ほかの人たち［もの］」という意味になる。

例　What can I do for others?

（私はほかの人たちのために何ができるでしょうか。）

Key Sentenceチェック

★Key Sentenceの用例を覚えよう。

□1. I like to play soccer with my friends.
　　私は友達とサッカーをすることが好きです。

□2. They want to go to the library.
　　彼らは図書館へ行きたがっています。

□3. I try to practice the piano every day.
　　私は毎日ピアノを練習しようとしています。

□4. We need to study English.
　　私たちは英語を勉強する必要があります。

□5. I want to be a good tennis player.
　　私は上手なテニス選手になりたいです。

□6. He likes to see *rakugo*.
　　彼は落語を見ることが好きです。

□7. Mr. Green wants to take a rest.
　　グリーン先生は休憩をしたがっています。

□8. Tom tries to speak Japanese.
　　トムは日本語を話そうとしています。

□9. Mami needs to buy a new racket.
　　マミは新しいラケットを買う必要があります。

□10. My sister wants to be a doctor.
　　私の妹[姉]は医者になりたがっています。

Story 2 What do you want to ...?

Key Sentence

㉟ What do you want to do?
—— I want to try some ethnic food.

㉟ あなたは何をしたいですか。
—— 私はエスニック料理を食べてみたいです。

解説㉟ ▷ **want to ..., try to ...などの文の疑問文や否定文の作り方**

• want to ..., try to ...などはかたまりで1つの動詞としてとらえるので，疑問文や否定文を作るときは，一般動詞の場合と同じでdoやdoesを使う。〈to＋動詞の原形〉の形は変わらない。

〈肯定文〉	He **wants to** eat soba.
	（彼はそばが食べたいです。）
〈疑問文〉	**Does** he **want to** eat soba?
	（彼はそばが食べたいですか。）
〈疑問詞を使った疑問文〉	**What does** he **want to** eat?
	（彼は何が食べたいですか。）
〈否定文〉	He **doesn't want to** eat soba.
	（彼はそばを食べたくありません。）

重要表現 ••••••••••••••••••••••••••••••••••• 教科書p.90

◆**listen to ...** …を聞く

listenは「聞く」という意味の動詞。「…を」と表現するときはto ...をつける。

　例　I like to **listen to** music.（私は音楽を聞くことが好きです。）

◆**in line** 1列に並んで

lineは「列，並び」という意味。

　例　Please wait **in line**.（1列に並んでお待ちください。）

◆**get to ...**　…に着く，到着する

to ...は到着する場所を表す。「そこに着く」はget thereとなる。

例　What time does the bus **get to** Tokyo Station?

（そのバスは何時に東京駅に着きますか。）

What time does the bus **get there**?

（そのバスは何時にそこに着きますか。）

◆**be late for ...**　…に遅れる，遅刻する

lateは「遅れた，遅刻した」という意味の形容詞。

例　Don't **be late for** the class.

（その授業に遅れないでください。）

◆**first**　第1に，最初に

文頭や文末につけて，順序を表す副詞。

例　Let's have lunch **first**.

（最初に，昼食を食べましょう。）

●「やった！」「やったね！」

　何かをうまくやりとげたとき，思わず「やった！」と叫ぶよね。こんなとき，英語では I did it! という表現があるよ。文字どおり「私はそれをやった」という意味で，it（それ）は，今なしとげた「ものごと」そのものをさしている。

　みんなで何かをなしとげたのであれば，We did it!，相手がうまくやったのであれば，You did it! で「やったね！」「うまくできたじゃない！」という感じ。

　成功したときやいい結果がでたときの表現として覚えておこうね。

Key Sentenceチェック

★Key Sentenceの用例を覚えよう。

□1. I like to listen to music.
私は音楽を聞くことが好きです。

□2. Do you like to listen to music?
あなたは音楽を聞くことが好きですか。

□3. I don't like to listen to music.
私は音楽を聞くことが好きではありません。

□4. Emi wants to drink coffee.
エミはコーヒーを飲みたがっています。

□5. Does Ken want to go to Australia?
ケンはオーストラリアに行きたがっていますか。

□6. Kazuya doesn't want to play baseball.
カズヤは野球をしたくありません。

□7. Sally tries to talk with us in Japanese.
サリーは日本語で私たちと話そうとしています。

□8. Does Tim try to speak Japanese?
ティムは日本語を話そうとしていますか。

□9. You don't need to clean this room.
あなたはこの部屋をそうじする必要はありません。

□10. Do you want to be a doctor?
あなたは医者になりたいですか。

□11. What do you want to eat?
あなたは何が食べたいですか。

□12. What does he want to be?
彼は何になりたいですか。

Story 3 **look＋形容詞**

Key Sentence

㊱　The children **look** happy.

㊱　子供たちは幸せそうに見えます。

解説㊱　「…に見える」という言い方

• 人やものの様子が，見た目に「…に見える」などと話し手の視覚的な判断を述べるときは，〈look＋形容詞〉を使う。lookのあとに，am, are, isと同様，形容詞が続く。この形容詞は主語の様子や状態を説明している。ほかにsound(…に聞こえる)も形容詞を続けることができる。

〈be動詞＋形容詞〉　The children are happy.（子供たちは幸せです。）
　　　　　　　　　　↑be動詞 ...＝「…です」

〈look＋形容詞〉　The children **look** happy.
　　　　　　　　　　↑look ...＝「…に見える」

〈be動詞＋形容詞〉　The story is difficult.（その話は難しいです。）
　　　　　　　　　　↑be動詞 ...＝「…です」

〈sound＋形容詞〉　The story **sounds** difficult.
　　　　　　　　　　↑sound ...＝「…に聞こえる」
　　　　　　　　　　　　　　　（その話は難しく聞こえます。）

• lookやsoundは一般動詞なので，疑問文・否定文にはdoやdoesを使う。

〈疑問文〉　**Does** she **look** busy?
　　　　　（彼女は忙しそうに見えますか。）

〈否定文〉　You **don't look** happy.
　　　　　（あなたはうれしそうに見えません。）

重要表現 ••

◆**on the other hand**　他方では，これに反して

前に述べたことに反する内容などを述べるときに使う表現。

　例　He likes dogs. **On the other hand**, he doesn't like cats.

　　　（彼はイヌが好きです。他方で，彼はネコが好きではありません。）

◆**for a long time**　長い間

期間や時間が長いことを表す。

　例　They practice soccer **for a long time** every day.

　　　（彼らは毎日長い間サッカーを練習します。）

◆**like this**　このような[に]

前に述べたことを例とする場合に使う。

　例　They can't get clean water. He helps people **like this**.

　　　（彼らはきれいな水を手に入れられません。彼はこのような

　　　人々を助けています。）

Key Sentenceチェック

★Key Sentenceの用例を覚えよう。

□1.　You **look** happy today.

　　　あなたは今日，うれしそうに見えます。

□2.　Your sister **looks** excited.

　　　あなたの妹[姉]はわくわくしているように見えます。

□3.　It **sounds** interesting.

　　　それはおもしろそうに聞こえます。

1 日本文に合うように，（　）内に適する語を書こう。

(1) 彼らはお腹が空いているように見えます。

They (look) hungry.

(2) 私たちは水を飲む必要があります。

We (need)(to)(drink) water.

(3) その映画はおもしろそうに聞こえます。

The movie (sounds) interesting.

(4) 彼は最善を尽くそうとしています。

He (tries)(to)(do) his best.

(5) あなたはどこに行きたいですか。

Where do you (want)(to)(go)?

2 次の英文を〔　〕内の指示に従って書きかえよう。

(1) Ken is excited. 〔「…に見える」という文に〕

→Ken (looks) excited.

(2) I like baseball. 〔下線部を「野球を見ること」にかえて〕

→I like (to)(watch) baseball.

(3) I visit many countries. 〔「…したい」という文に〕

→I (want)(to)(visit) many countries.

(4) She needs to practice the piano every day. 〔疑問文に〕

→(Does) she (need) to practice the piano every day?

(5) You want to eat sushi.

〔下線部が答えの中心となる疑問文に〕

→(What)(do) you want to (do)?

❸ 日本文に合うように，(　　)内の語を並べかえよう。

(1) あなたは本を読むことが好きですか。

(books / you / to / like / do / read)？

<u>Do you like to read books</u>　　　　　？

(2) 私たちはその音楽を聞きたくありません。

(to / to / not / the music / want / do / listen / we)．

<u>We do not want to listen to the music</u>　　　．

(3) 彼らはどこで昼食を食べたがっていますか。

(lunch / to / they / where / eat / want / do)？

<u>Where do they want to eat lunch</u>　　　　？

❹ 英文の意味を表す日本語を完成させよう。

(1) Ken looks very busy, but you don't look busy.

ケンはとても忙し(そうに見えます)が，あなたは忙し(そうに見えません)。

(2) They're trying to help people in need.

彼らは困っている人々を(助けようとしています)。

❺ 日本語の意味を表す英文を書こう。

(1) ティムは漢字(kanji)を練習する必要はありません。

<u>Tim does not [doesn't] need to practice kanji.</u>

(2) 彼女の仕事はとても難しそうに聞こえます。

<u>Her job sounds very [so] difficult.</u>

(3) 英語を毎日勉強しようと努力しなさい。

<u>Try to study English every day.</u>

(4) 彼は，何になりたがっていますか。

<u>What does he want to be?</u>

Today's Point 4

⑥ I'm looking for Midori Station.
—— Go along this street.
Turn left at the second traffic light.

⑥ 私は緑駅をさがしています。
—— この道に沿って行ってください。
2つめの信号を左に曲がってください。

解説⑥ ▷ 道をたずねる言い方

• 「…をさがしています」と，その場所への道順を知りたいときには，
I'm looking for ....と言う。look forは「…をさがす」という意味。

・I'm looking for Midori Station.

道順をたずねるときの言い方として，次のようなものがある。

・Where is Midori Station?（緑駅はどこですか。）

・How can I get to Midori Station?
（どうすれば緑駅まで行けますか。）

・Please tell me the way to Midori Station.
（緑駅への行き方を教えてください。）

● 道をたずねられたときの答え方

命令文を使って，目印をあげながら，わかりやすく説明する。次
のような表現を組み合わせて使うとよい。

・Go along this street.

・Turn left at the second traffic light.
〈Turn left［right］at＋目印になるもの.〉で，「…のところで
左［右］に曲がってください。」という意味になる。

- Go straight (for two blocks). You can see it <u>on your</u> <u>right</u>.

((2 区画分)まっすぐ行ってください。右手に見えてきます。)

straightは「まっすぐに」という意味。on your rightで「右手に」，on your leftで「左手に」と表せる。

● **道をたずねられたときの答え方（わからない場合）**

道順がよくわからないときは，次のように言えばよい。

- I'm sorry, I don't know. I don't know this area well.

(すみません，わかりません。この辺りはよく知らないのです。)

重要表現 ••• 教科書p.94

◆**Excuse me.** すみません。失礼ですが。

人に声をかけるときに使う表現。

◆**Pardon me?**

何とおっしゃいましたか。もう一度おっしゃってください。

相手のことばを聞き返すときの表現。

◆**Let's see.** ［考えながら］ええと。そうですね。

すぐに答えがでないときや，考えがまとまらないときのつなぎのことば。

◆**Go down this street.** この通りを行ってください。

Go along this street.と同様の表現。

◆**the second traffic light** ２つめの信号

secondは「2番め(の)」という意味。このように順番を表す語を序数詞という。序数詞にはふつうtheをつける。

first「1番め(の)」，third「3番め(の)」，fourth「4番め(の)」

① 日本文に合うように, (　　)内に適する語を書こう。

(1) 私は市役所をさがしています。

I'm (looking)(for) City Hall.

(2) 3つめの信号を右に曲がってください。

Turn (right) at the (third) traffic light.

(3) 私に書店への行き方を教えてください。

Please (tell) me the (way)(to) the bookstore.

(4) もう一度おっしゃってください。

(Pardon) me?

(5) この通りを行ってください。

Go (along [down]) this street.

② 日本文に合うように, (　　)内の語を並べかえよう。

(1) 私たちは公園をさがしています。

(looking / are / we / the park / for).

<u>We are looking for the park</u>.

(2) 市役所のところで左に曲がってください。

(turn / City Hall / at / left).

<u>Turn left at City Hall</u>.

(3) すみません。私はこの辺りのことはよく知りません。

I'm sorry. (area / don't / I / well / this / know).

I'm sorry. <u>I don't know this area well</u>.

❸ 次の地図を見て，現在地での２人の会話を完成させよう。

A man : (**Excuse**) me. Where's the library?

Saki ：(**Pardon**) me?

A man : The library.

Saki ：Go down this street. Turn (**right**) at the school.
　　　　You can see it on your (**left**).

A man : Thank you.

Saki ：You're (**welcome**).

❹ 英文の意味を表す日本語を完成させよう。

(1) Go straight for three blocks. You can see it on your right.
　　(３区画分まっすぐ行ってください)。(右手)に見えます。

(2) How can I get to the museum?
　　(どうすれば)博物館まで(行けますか)。

❺ 日本語の意味を表す英文を書こう。

(1) 私は市立病院(City Hospital)をさがしています。
　　I'm [I am] looking for City Hospital.

(2) 体育館のところで左に曲がってください。
　　Turn left at the gym.

(3) すみません。わかりません。
　　I'm sorry, I don't know.

Unit 10 Winter Vacation

教科書p.101 ～ p.107

Story 1 動詞の過去形（edで終わる動詞）

Key Sentence

㊲ I visited the museum last Sunday.

㊲ 私は先週の日曜日に博物館を訪れました。

解説㊲ 過去のことを表す言い方

•「…しました」と過去のことを言うときには，動詞にedやdをつけたり，動詞の形がかわったりする。過去を表す動詞の形を動詞の過去形という。play→played，use→usedのように，edやdをつけて規則的に過去形を作る動詞を規則動詞という。過去形は，主語が何であってもかわらない。

〈現在を表す文〉　I visit the museum every Sunday.

〈過去を表す文〉　I visited the museum last Sunday.
↑visit＋ed　↑過去を表す語句

CHART & CHECK

原則	語尾にedをつける	play － played watch － watched
eで終わる動詞	語尾にdをつける	use － used live － lived
「子音字+y」で終わる動詞	yをiにかえてedをつける	study － studied

＊d, edの発音は[d ド]，[t ト]，[id イド]。

重要表現 ………………………………教科書p.102 ～ p.103

◆**travel to ...**　…に旅行する

travelは「旅行する」。行き先を言うときはto ...をつける。

例　We travel to foreign countries every year.
（私たちは毎年外国に旅行します。）

◆**during ...** …の間ずっと，…の間に

...の部分には「夏休み」などの特定の期間を表す語を置く。

例 I enjoyed the summer festival **during** summer vacation.

（私は夏休みの間に夏祭りを楽しみました。）

◆**look around ...** …を見て回る

around ...は「…のあちこちに[で，を]」という意味で，lookとともに用いて「見て回る」という意味になる。

例 They **looked around** the museum.

（彼らは博物館を見て回りました。）

◆**for ...** …の間

...の部分には「3日」などの期間を表す語を置く。

例 I stayed in Okinawa **for** three days.

（私は3日間，沖縄に滞在しました。）

◆**be full of ...** …でいっぱいである

fullは「いっぱい」という意味の形容詞。

例 That box **is full of** balls.

（あの箱はボールでいっぱいです。）

●look，see，watch の違いをつかもう！
look …意識的に見ようとして目を向けることを表す。
see …見ようとしないでも自然に目に入ることを表す。
watch …人やものの動き・変化を観察したり，テレビやスポーツの試合などを見たりすることを表す。

Key Sentenceチェック

★Key Sentenceの用例を覚えよう。

□1. I listened to music after lunch.
私は昼食後に音楽を聞きました。

□2. Ken played basketball yesterday.
ケンは昨日バスケットボールをしました。

□3. My sister enjoyed cooking last night.
私の姉[妹]は昨夜料理を楽しみました。

□4. We used this computer last week.
私たちは先週このコンピュータを使いました。

□5. Meg danced with us last Sunday.
メグはこの前の日曜日に私たちとおどりました。

□6. Sally tried sushi.
サリーはすしを食べてみました。

□7. They studied math after school.
彼らは放課後，数学を勉強しました。

□8. I traveled to America with my friends.
私は友達とアメリカへ旅行に行きました。

□9. Mika watched a tennis game yesterday.
ミカは昨日テニスの試合を見ました。

□10. Mr. White visited Kyoto during winter vacation.
ホワイト先生は冬休みの間に京都を訪れました。

□11. She looked very happy.
彼女はとてもうれしそうに見えました。

□12. Tom stayed in Australia for two weeks.
トムは2週間オーストラリアに滞在しました。

Story 2 動詞の過去形（不規則に変化する動詞）

Key Sentence

㊳ I saw fireworks that night.

㊳ 私はその夜花火を見ました。

解説㊳ ▷ **動詞の過去形が(e)dではなく，形がかわる場合**

- 動詞の過去形が(e)dではなく，go→went，eat→ateのように不規則に変化する動詞を不規則動詞という。

〈現在を表す文〉　　I　see　fireworks every summer.

〈過去を表す文〉　　I　saw　fireworks that night.

　　　　　　　　　　↑seeの過去形　　　　　↑過去を表す語

CHART & CHECK

〈不規則動詞の例〉

もとの形	過去形	もとの形	過去形
come	came	say	said
spend	spent	have	had
take	took	feel	felt

不規則動詞も規則動詞と同じように，主語が何であっても過去形は同じ形である。

- 過去を表す語句には，yesterday（昨日），last night（昨夜），last week（先週），this morning（今朝），three days ago（3日前）などがある。

◆**take ＋(乗り物)** …に乗る，…を利用する

takeは「乗り物を利用する」という意味がある。過去形はtook。

> 例 He **took** a bus to the library.
>
> （彼は図書館までバスに乗りました。）

◆**count down** 秒読みする

countは「数える」，downは「下へ」という意味で，「3，2，1，…」のように「秒読みする」という表現。

> 例 We all **counted down** to the New Year.
>
> （私たちはみんな新年への秒読みをしました。）

◆**at midnight** 夜の12時に

at midnightで「夜の12時に」という意味。at noonとセットで覚えるとよい。

> 例 He said "Happy New Year!" **at midnight**.
>
> （彼は夜の12時に「新年おめでとう!」と言いました。）

◆**each other** たがい(に)

each otherは代名詞なので，「おたがいに言う」というときはsay to each otherとなるので注意。

> 例 We said "Hello!" to **each other**.
>
> （私たちはおたがいに「こんにちは!」と言いました。）

◆**have a wonderful time** すばらしい時間を過ごす

wonderfulの部分にはgoodやgreatなども使う。

> 例 I **had a wonderful time** with them.
>
> （私は彼らとすばらしい時間を過ごしました。）

Key Sentenceチェック

★Key Sentenceの用例を覚えよう。

□1. I **went** to the U.K. last year.
　　私は昨年，イギリスに行きました。

□2. They **came** to school by bus yesterday.
　　彼らは昨日バスで学校に来ました。

□3. I **spent** three hours at the museum.
　　私は博物館で3時間過ごしました。

□4. She **took** a lot of pictures two days ago.
　　彼女は2日前，たくさんの写真を撮りました。

□5. I **felt** very happy.
　　私はとてもうれしく感じました。

□6. He **said** "Good morning" to me this morning.
　　彼は今朝，私に「おはよう」と言いました。

□7. Ken **stood** by the door.
　　ケンはドアのそばに立ちました。

□8. I **had** a good time last Sunday.
　　私は先週の日曜日に楽しい時間を過ごしました。

□9. We **saw** beautiful fireworks last summer.
　　私たちは昨年の夏，きれいな花火を見ました。

□10. Meg **ate** a big candy apple at the festival.
　　メグはお祭りで大きなりんごあめを食べました。

□11. My sister **got** up early this morning.
　　私の姉[妹]は今朝，早起きしました。

Story 3 過去形の疑問文と否定文

Key Sentence

㊴ Did you get up early yesterday?
—— Yes, I did. / No, I did not.

㊴ あなたは昨日早く起きましたか。
—— はい，起きました。/ いいえ，起きませんでした。

解説㊴ 「…しましたか」とたずねる言い方と答え方

- 「…しましたか」という過去の疑問文は，主語の前にdidを置き，〈Did＋主語＋動詞の原形 ...?〉の形を使う。それに対してはdidを使って答える。現在形のdoとdoesのように主語によって使い分けることはなく，主語が何であってもdidを使う。

〈肯定文〉 I got up early yesterday.
↓主語の前にdidを置く
〈疑問文〉 Did you get up early yesterday?
↑動詞はもとの形にする
〈答え方〉 Yes, I did. / No, I did not.
= didn't

- 「…しませんでした」という過去の否定文は，動詞の前にdid not（= didn't）を置き，〈主語＋did not＋動詞の原形 ....〉で表す。

〈肯定文〉 I traveled this winter.
↓動詞の前にdid notを置く
〈否定文〉 I did not travel this winter.
= didn't ↑動詞はもとの形にする

重要表現 •• 教科書p.106

◆**on＋日** …(の日)に

日付や曜日，「元日」や「クリスマス」など「…(の日)に」と言うときはonを使う。

　例　We ate delicious *osechi* **on** New Year's Day.

　　　(私たちは元日においしいおせち料理を食べました。)

◆**get up** 起きる，起床する

寝ていた状態から起き上がることを意味する。

　例　I **got up** early this morning. (私は今朝早く起きました。)
　　　　↑getの過去形

◆**any** ［疑問文で］いくらかの，何らかの

数量があるかないかをたずねる表現。数えられる名詞の場合は複数形にする。日本語には訳さないことも多い。

　例　Do you have **any** homework today?

　　　(あなたは今日，(何らかの)宿題はありますか。)

◆**nothing special** 特に何もない

nothingはnot＋anythingという意味合いで「何もない」を表す。否定の意味が含まれているので，文は肯定文の形になる。

また，somethingやnothingのような…thingという語に形容詞をつけるときは，前ではなくあとに置く。［×］special nothing

　例　Did you do anything last night?

　　　── I did **nothing special**.

　　　(昨夜何かしましたか。── 特に何もしていません。)

◆**anywhere** ［否定文で］どこにも(…ない)

somewhere(どこか)を否定文や疑問文で用いるとき，anywhereになる。

例 I didn't go **anywhere** yesterday.
（私は昨日，どこにも行きませんでした。）

◆**at home** 家で［に］

at school（学校で）と同様に，homeの前にaやmyなどは置かなくてよい。

例 I watched TV **at home**.（私は家でテレビを見ました。）

Key Sentenceチェック

★Key Sentenceの用例を覚えよう。

□1. **Did** you swim yesterday?

—— Yes, I **did**. / No, I **did not**.

あなたは昨日，泳ぎましたか。

—— はい，泳ぎました。／いいえ，泳ぎませんでした。

□2. **Did** Kumi practice the piano last night?

—— Yes, she **did**. / No, she **did not**.

クミは昨夜，ピアノを練習しましたか。

—— はい，練習しました。／いいえ，練習しませんでした。

□3. What **did** Ken do last Sunday?

—— He played tennis.

ケンは先週の日曜日何をしましたか。

—— 彼はテニスをしました。

□4. We **did not** ［**didn't**］ **watch** TV last night.

私たちは昨夜，テレビを見ませんでした。

□5. My mother **did not** ［**didn't**］ **eat** breakfast this morning.

私の母は今朝，朝食を食べませんでした。

□6. Ms. Cook **did not** ［**didn't**］ **come** to school yesterday.

クック先生は昨日，学校に来ませんでした。

これが出る! 定期テスト対策

1 日本文に合うように，（　　）内から適する語を選ぼう。

(1) 彼は昨日，数学を勉強しました。

He (study, studies, studied) math yesterday.

(2) あなたのお父さんは朝食を食べましたか。

(Do, Does, Did) your father (have, has, had)
breakfast?

(3) 彼らは昨日，私の家に来ませんでした。

They (are not, don't, didn't)(come, came) to my
house yesterday.

(4) 彼女は今朝，歩いて学校に行きました。

She (walk, walks, walked) to school this morning.

2 次の英文を〔　　〕内の指示に従って書きかえよう。

(1) I play the piano every day.

〔下線部を「昨日」という意味を表す語にかえて〕

→I (played) the piano (yesterday).

(2) They ate pizza last night.

〔疑問文にしてYesで答える文に〕

→(Did) they (eat) pizza last night?

—— Yes, (they)(did).

(3) David traveled to Japan last year.

〔下線部が答えの中心になる疑問文に〕

→(When) did David (travel) to Japan?

(4) Mr. Brown used this computer last week. 〔否定文に〕

→Mr. Brown (didn't)(use) this computer last week.

→次ページに続きます。

❸ 日本文に合うように，( )内の語を並べかえよう。

(1) 私は昨日8時に起きました。

(up / eight / got / yesterday / at / I).

I got up at eight yesterday   .

(2) 彼はこの前の秋に京都を訪れましたか。

(Kyoto / he / fall / visit / last / did)?

Did he visit Kyoto last fall   ?

(3) 私たちは今日の午後にテレビを見ませんでした。

(afternoon / didn't / TV / this / we / watch).

We didn't watch TV this afternoon   .

❹ 英文の意味を表す日本語を完成させよう。

(1) Ann helped me last night, and I felt happy.

アンは(昨夜，私を手伝ってくれて)私は(うれしく感じました)。

(2) They had a wonderful time last Saturday.

彼らは(この前の土曜日にすばらしい時を過ごしました)。

❺ 日本語の意味を表す英文を書こう。

(1) 彼は昨日，そのバスに乗りました。

He took the bus yesterday.

(2) あなたたちは昨年，この市に住んでいましたか。

Did you live in this city last year?

(3) 彼らは先週の日曜日にサッカーをしませんでした。

They did not [didn't] play soccer last Sunday.

(4) 彼は3日前にあなたに何と言いましたか。

What did he say to you three days ago?

Let's Write 2

旅先からの便り —絵はがき—

Today's Point　5

⑦ I am in Fukushima.
⑧ Take care of yourself.

⑦ 私は福島にいます。
⑧ 体に気をつけて。

解説⑦ 「どこにいるか」を表す

• 絵はがきは，旅先から家族や友人へ送るもので，今いる場所を初めに伝えるとよい。

例　I am in Fukushima.

補足　「何をしたか」を表す

絵はがきでは，旅先で経験したことなどを動詞の過去形を使って過去の文で伝える。感想などをそえるとよい。

例　I skied for the first time. It was fun!
（私は初めてスキーをしました。それは楽しかったです。）

解説⑧ 「結びのことば」を表す

• 絵はがきは，旅先からの連絡の結びのことばをそえるとよい。

例　Take care of yourself.

補足　「終わりのあいさつ」

• 最後は，Love, やTake care, やBest wishes, などのあいさつのあと，署名する。

◆**for the first time**　はじめて

　　例　I saw Tokyo Tower for the first time.

　　　（私ははじめて東京タワーを見ました。）

◆**fall down**　倒れる

　　fallの過去形はfell。

　　例　I fell down many times.

　　　（私は何度も倒れました。）

◆**a lot**　たくさん

　　snow（雪が降る）やstudy（勉強する）などの動詞のあとに置いて使う。

　　例　I studied a lot yesterday.

　　　（私は昨日たくさん勉強しました。）

◆**Take care of yourself.**　体に気をつけてね。

　　相手の体を気づかって伝えることば。

◆**I hope to hear from you.**　お返事お待ちしています。

　　hear from ...は「…から便りをもらう」という意味。hopeは「望
　　む，期待する」などの意味。

◆**Keep in touch.**　連絡を取り合いましょう。

　　keepは「保つ」，in touchは「連絡が取れて」という意味。

◆**Take care.**　じゃあね。

　　「元気でね。」や「お大事にね。」などの意味で，絵はがきや病気見舞
　　いのカードなどの終わりのあいさつなどに使う。

◆**Best wishes, [Best regards,]**　では，今後もよろしく。

　　手紙の最後のあいさつで広く使われる表現。「今後もよろしくお
　　願いします。」などの気持ちが伝わる。

◆**Sincerely yours,**　敬具

　　日本語の手紙で広く使われる「敬具」に相当する改まった表現。

Story 1 「…でした」，「…にいました」という表現

Key Sentence

㊽ Were you a starter in the last game?
—— Yes, I was. / No, I was not.

㊽ あなたは前回の試合で先発メンバーでしたか。
—— はい，そうでした。
/ いいえ，そうではありませんでした。

解説㊽ ▶ 「…でした」「…にいました」と過去を表す言い方

● 「…でした」「…にいました」と言うときは，be動詞のam, are, is
を過去形にする。am, isの過去形はwas, areの過去形はwereに
なる。

CHART & CHECK

現在形	過去形
am	was
is	
are	were

〈肯定文〉 You were a starter in the last game.
↓主語の前にwereを置く

〈疑問文〉 Were you a starter in the last game?
↑areの過去形　　過去を表す語句

〈答え方〉 —— Yes, I was . （はい，そうでした。）
↑amの過去形

—— No, I was not .

（いいえ，そうではありませんでした。）

◆in＋月　…月に

　月や年のときはinを使う。

　　例　We have a baseball game in March.

　　　　（私たちは３月に野球の試合があります。）

◆at first　最初は，はじめのうちは

　「最初の段階では」という意味。firstだけでは「最初に」という順番を表すので，ちがいに注意。

　　例　I was nervous at first.

　　　　（私ははじめのうちは緊張していました。）

◆another　ほかの，別の，ちがった

　an（１つの）とother（ほかの）がくっついた形と考える。

　　例　I want another bag.

　　　　（私はほかのバッグがほしいです。）

◆do one's best　最善を尽くす

　one'sの部分にはmyやyourなどの「〜の」という語が入る。

　　例　Do your best!（最善を尽くしてください。）

◆I hope so.　そう願います。

　soは前に述べられた内容を指して「そのこと」という意味。

　　例　I want to win the game!　── I hope so.

　　　　（私は試合に勝ちたいです！── そう願います。）

Key Sentenceチェック

★Key Sentenceの用例を覚えよう。

☐1. I **was** a soccer player last year.
私は昨年，サッカーの選手でした。

☐2. It **was** cold last week.
先週は寒かったです。

☐3. We **were** elementary school students two years ago.
私たちは2年前，小学生でした。

☐4. They **were** in the park then.
彼らはそのとき公園にいました。

☐5. **Was** Ken a junior high school student six years ago**?**
—— Yes, he **was**. / No, he **wasn't**.
ケンは6年前，中学生でしたか。
—— はい，そうでした。/ いいえ，そうではありませんでした。

☐6. **Were** they at home then**?**
—— Yes, they **were**. / No, they **weren't**.
彼らはそのとき家にいましたか。
—— はい，いました。/ いいえ，いませんでした。

☐7. It **wasn't** hot last Saturday.
この前の土曜日は暑くありませんでした。

☐8. You **weren't** free yesterday.
あなたは昨日，ひまではありませんでした。

Story 2 「…がある[いる]」という表現

④ Is there a campground near the lake?
—— Yes, there is. / No, there is not.
There are outdoor kitchens, too.

④ 湖の近くにキャンプ場がありますか。
—— はい, あります。/ いいえ, ありません。
屋外調理場もあります。

解説④ ▷ 「…がありますか」「…がいますか」という言い方

• 「…があります」「…がいます」と言うときは,〈There is ....〉か〈There are ...s.〉と表す。ふつう, 文末に場所や位置を表す語句を置く。isとareのあとの語が文の主語になる。

〈主語が単数〉 Is there a campground near the lake?
　　　　　　　　　 ↑a campgroundが主語　↑場所を表す語句

〈主語が複数〉 There are outdoor kitchens, too.
　　　　　　　　　　 ↑outdoor kitchensが主語

注意! ▷ …の部分に人名や地名など固有名詞を入れることはできない。固有名詞のときは, Thereを使わずbe動詞で表す。

「ケンは今公園にいます。」

[×] There is Ken in the park now.

[○] Ken is in the park now.
　　　　 ↑be動詞「ある, いる」という存在を表す。

- 「…がありました」「…がいました」と過去のことを言うときは there wasやthere wereを使う。

  〈主語が単数〉   There | was | a dog in the park.
                       ↑isの過去形
               （公園にイヌが1匹いました。）

  〈主語が複数〉   There | were | some dogs in the park.
                       ↑areの過去形
               （公園にイヌが数匹いました。）

- 「…がありますか」「…がいますか」とたずねるときはisやareを thereの前に出す。答えるときはthere isやthere areを使う。

  〈主語が単数〉 | Is | there a station near your house?
                    （あなたの家の近くに駅はありますか。）

  〈答え方〉   —— Yes, there is. / No, there is not.
                         （はい，あります。／いいえ，ありません。）

  〈主語が複数〉 | Are | there any balls in the box?
                    （その箱の中には（いくつか）ボールはありますか。）

  〈答え方〉   —— Yes, there are. / No, there are not.
                         （はい，あります。／いいえ，ありません。）

- 「…がありません」「…がいません」と言うときはthere isやthere areのあとにnotを置く。

  〈肯定文〉   There is a station near my house.
                （私の家の近くに駅があります。）

  〈否定文〉   There is not a station near my house.
                （私の家の近くに駅はありません。）

◆**on ... trip** …の旅行で

「旅行に行く」はgo on a tripと表す。行き先も伝えるときはgo to Australia <u>on</u> a tripとなる。

例 We went to Kyoto **on** a school **trip**.

（私たちは学校の修学旅行で京都に行きました。）

◆**set up** …を建てる

何かを「立ち上げる，設置する」という意味の語句。setの過去形は原形と同じ形でset。

例 They **set up** a tent and stayed in it.

（彼らはテントを建てて，その中で泊まりました。）

◆**sound like fun** 楽しそうに聞こえる

〈sound＋形容詞〉と〈sound like＋名詞〉を区別する。funは「楽しいこと」という意味の名詞なので，前置詞like（〜のよう）が必要になる。

例 That **sounds** interesting. / That **sounds** like fun.
↑形容詞   ↑名詞

（それはおもしろそうですね。/ それは楽しそうですね。）

◆**pick ... up** …を拾い上げる，車で迎えに行く

pickは「…をつむ，もぐ」などの意味，upは「上に」という意味で，pick upで「拾う」という意味になる。また，目的語が代名詞のときはpickとupの間に置く。

例 They **pick up** trash. I **pick** it **up**, too.（→[×] I pick up it.）
↑目的語が名詞のときはupのあとに置ける

（彼らはゴミを拾いました。私もそれを拾いました。）

◆**Good job.** よくやった。

相手の行動をほめるときに使う表現。

Key Sentenceチェック

★Key Sentenceの用例を覚えよう。

☐1. **There is** a guitar by the door.
ドアのそばにギターが１本あります。

☐2. **There was** a cat under the table.
テーブルの下にネコが１匹いました。

☐3. **There are** two books on the desk.
机の上に本が２冊あります。

☐4. **There were** a lot of people in the park.
公園にたくさんの人がいました。

☐5. **Is there** a piano in your room?
—— Yes, **there is.** / No, **there isn't.**
あなたの部屋にピアノがありますか。
—— はい，あります。/ いいえ，ありません。

☐6. **Are there** any benches in the park?
—— Yes, **there are.** / No, **there aren't.**
その公園にベンチはありますか。
—— はい，あります。/ いいえ，ありません。

☐7. **There isn't** a TV in my room.
私の部屋にテレビはありません。

☐8. **There wasn't** a bookstore in front of this library.
この図書館の前に書店はありませんでした。

Key
Sentence

㊷ I **was** play**ing** soccer then.

㊷ 私はそのときサッカーをしていました。

解説㊷ 「…していました」という言い方

- 過去のあるときに「…していました」と言うときは，〈was＋…ing〉か〈were＋…ing〉の形を使う。これを過去進行形という。wasとwereは主語によって使い分ける。

〈現在進行形〉 I am playing soccer now.

〈過去進行形〉 I was playing soccer then.
　　　　　　↑amの過去形was＋動詞の…ing形

〈現在進行形〉 We are studying math now.
　　　　　　　　　（私たちは今，数学を勉強しています。）

〈過去進行形〉 We were studying math then.
　　　　　　↑areの過去形were＋動詞の…ing形
　　　　（私たちはそのとき数学を勉強していました。）

- 「…していましたか」とたずねるときは，wasやwereを主語の前に出す。答えるときは，Yes / Noとwas, wereを使う。

〈肯定文〉 You were running then.
　　　　　　　（あなたはそのとき走っていました。）

〈疑問文〉 Were you running then?
　　　　↑wereを主語の前に出す
　　　　（あなたはそのとき走っていましたか。）

〈答え方〉 —— Yes, I was. / No, I was not.
（—— はい，走っていました。/ いいえ，走っていませんでした。）

重要表現 ●●●●●●●●●●●●●●●●●●●●●●●●●●●●●●●●●●● 教科書p.114

◆**look for ...** …をさがす

1つのかたまりで「…をさがす」という意味を表す。

例　I was looking for you.

（私はあなたをさがしていました。）

◆**show ... to ～** ～に…を見せる

見せる相手を示すときはtoを使う。

例　Did you show the picture to him?

（あなたは彼にその写真を見せましたか。）

◆**bring back ...** …を思い出させる

記憶や思い出などを思い出させるという意味で使う。

例　This bag brings back my school life.

（このバッグは私の学校生活を思い出させます。）

◆**on my way (to ...)** （…へ行く）途中で

myの部分にはyourやhis, her, ourなどの「～の」という語が入る。

例　I saw Tim on my way to the library.

（図書館へ行く途中で私はティムに会いました。）

◆**each day** 毎日

eachは「それぞれの」という意味。each dayはevery dayと同じく，「毎日」という意味を表す。

例　I cooked breakfast each day.

（私は毎日朝食を作りました。）

Key Sentenceチェック

★Key Sentenceの用例を覚えよう。

□1. I was studying English then.
   私はそのとき英語を勉強していました。

□2. David was playing baseball then.
   デイビッドはそのとき野球をしていました。

□3. We were listening to music then.
   私たちはそのとき音楽を聞いていました。

□4. They were swimming then.
   彼らはそのとき泳いでいました。

□5. Was Meg walking in the park then?
   —— Yes, she was. / No, she wasn't.
   メグはそのとき公園を歩いていましたか。
   —— はい, 歩いていました。/ いいえ, 歩いていませんでした。

□6. Where were you waiting for me?
   —— I was waiting for you in the gym.
   あなたはどこで私を待っていましたか。
   —— 私は体育館であなたを待っていました。

□7. I wasn't watching TV then.
   私はそのときテレビを見ていませんでした。

□8. They weren't practicing tennis then.
   彼らはそのときテニスを練習していませんでした。

これが出る! **定期テスト対策**　　教科書p.109～p.115

① 日本文に合うように，（　）内に適する語を書こう。

(1) あの木のそばに自転車があります。

（ There ）（ is ） a bike by that tree.

(2) クミはそのとき本を読んでいました。

Kumi (was)(reading) a book then.

(3) あなたは昨日，忙しかったですか。

(Were)(you) busy yesterday?

(4) 彼は昨年，私のコーチでした。

He (was) my coach last year.

(5) あなたの部屋にコンピュータはありますか。

(Is)(there) a computer in your room?

(6) 私たちはそのときおどっていました。

We (were)(dancing) then.

② 次の英文を〔　〕内の指示に従って書きかえよう。

(1) Tom is a starter of the game. 〔過去のことを表す文に〕

→Tom (was) a starter of the game.

(2) There are some restaurants around here.
〔疑問文にしてYesで答える文に〕

→(Are)(there) any restaurants around here?
—— Yes, (there)(are).

(3) There is a kitchen in the campground. 〔過去の否定文に〕

→(There)(wasn't) a kitchen in the campground.

(4) You were running then. 〔下線部が答えの中心となる疑問文に〕

→(What)(were) you (doing) then?

→次ページに続きます。

3 日本文に合うように，(　　)内の語句を並べかえよう。

(1) 昨日はとても寒かったです。

(cold / was / yesterday / very / it).

It was very cold yesterday　　　　　　　　　　　.

(2) 駅の近くにスーパーマーケットはありません。

(supermarket / is / there / not / a / the / near / station).

There is not a supermarket near the station　　　　.

(3) あなたはそのとき彼女をさがしていましたか。

(then / for / you / her / looking / were)?

Were you looking for her then　　　　　　　　　　?

4 英文の意味を表す日本語を完成させよう。

(1) I was studying then, but my brother wasn't.

私はそのとき(勉強していました)が，兄は(していませんでした)。

(2) There was trash in the park, so we picked it up.

公園にゴミが(あったので)私たちは(それを拾いました)。

5 日本語の意味を表す英文を書こう。

(1) 彼らはサッカー選手でしたか。―― はい，そうでした。

Were they soccer players? —— Yes, they were.

(2) 私の家の近くに大きな図書館があります。

There is a big library near my house.

(3) その箱の中にペンはありますか。―― いいえ，ありません。

Are there any pens in the box? —— No, there aren't.

(4) ケンはそのときテントを建てていました。

Ken was setting up a tent then.

Let's Talk 4　レストラン —注文する—

教科書p.116

Today's Point　6

⑨ **What would you like?** —— **I'd like** a steak.
⑩ **Would you like** some dessert?
　　—— Yes, please. / No, thank you.

⑨ 何になさいますか。—— ステーキをお願いします。
⑩ デザートはいかがですか。
　　—— はい，お願いします。／ いいえ，結構です。

解説⑨ ▷「何になさいますか」とたずねる言い方と答え方

- レストランの店員が注文の内容をたずねるときは，What would you like?を使う。客が注文をするときはI'd like ....と言う。

　What would you like?　—— <u>I'd</u> like a steak.
　　　　　　　　　　　　　　　↑I would の短縮形

解説⑩ ▷ ものをすすめる：「…はいかがですか」などの言い方

- 「…はいかがですか」と食べ物や飲み物をすすめるときや，相手の意思をたずねるときは，Would you like...?の形を使う。このすすめに従うときはYes, please.と答え，断るときはNo, thank you.などと答える。断るときは，理由もそえるとていねいになる。

　Would you like some dessert?
　　—— Yes, please. / No, thank you.

重要表現 ・・・・・・・・・・・・・・・・・・・・・・・・・・・・・・・・ 教科書p.116

◆would like　…がほしい（のですが）

want ...「…がほしい」よりもていねいな表現。I would＝I'dのように短縮できる。

例　I'd like a steak. (←I would like a steak.)

疑問文にするときはwouldを主語の前に出す。

相手のYes.という返事を期待しているときにはsomeを使う。

例　Would you like some coffee?

（コーヒーがほしいですか。→いかがですか。）

「すすめる」意味になる

◆**would like to**　…したい（のですが）

toのあとに動詞を置く。want to … 「…したい」よりもていねい
な表現。疑問文にするときはwouldを主語の前に出す。

例　I'd like to go with you.

（あなたといっしょに行きたいです。）

Would you like to come with us?

（私たちといっしょに来たいですか。→来るのはどうですか。）

「すすめる」意味になる

◆**My pleasure.**　どういたしまして。

pleasureは「喜び」という意味。You're welcome.（どういたし
まして。）と同様に会話表現として覚える。

◆**Just ... , please.**　…だけお願いします。

just …は「…だけ」という意味。

例　Just water, please.（水だけお願いします。）

◆**I'd like to order.**　注文をお願いします。

店で注文をしたいときに使う表現。

◆**What do you recommend?**　おすすめは何ですか。

店員がすすめるものをたずねる表現。

◆**I can't eat eggs.**　卵は食べられません。

食べられないものを相手に伝える表現。

◆**Does it have mustard in it?**

その中にマスタードは入っていますか。

食べられないものが入っているかどうかを確認する表現。

◆**Can [Could] I have it without mustard?**

それをマスタードなしでもらえますか。

食べられないものを抜いてもらうようお願いする表現。

◆**Would you like something to drink?**

飲み物はいかがですか。

something to drinkは「何か飲むもの」という意味。

◆**Would you like your drink with your meal or after?**

飲み物は食事といっしょがよろしいですか，あとにしますか。

レストランで店員が客にたずねる表現。

◆**It smells good.**　いいにおいです。

smellは「…のにおいがする」という意味。

◆**Can [Could] I have some more bread?**

パンのおかわりをもらえますか。

some moreは「もう少し」という意味。

141

❶ 正しい対話になるように，（　　）内に入る文を □ から選び，記号で答えよう。

(1) A : (ウ)

B : Yes, please.

(2) A : How was it?

B : It was very good. (ア)

(3) A : Would you like some more?

B : (イ) I'm full.

> ア　Could I have some more?
> イ　No, thank you.
> ウ　Would you like some salad?
> エ　Would you like your drink with your meal or after?

❷ 日本文に合うように，（　　）内に適する語を書こう。

(1) 何になさいますか。
　　── ステーキをください。

What (would) you (like)?
　　──(I'd)(like) a steak.

(2) コーヒーのおかわりをもらえますか。

(Can [Could]) I have some (more) coffee?

(3) ありがとう。── どういたしまして。

Thank you. ── My (pleasure).

3 日本文に合うように, ( )内の語を並べかえよう。

(1) 何を召し上がりますか。

(to / like / what / eat / you / would) ?

<u>What would you like to eat</u> ?

(2) おすすめは何ですか。

(recommend / you / do / what) ?

<u>What do you recommend</u> ?

(3) それをマスタードなしでもらえますか。

(without / have / could / mustard / it / I) ?

<u>Could I have it without mustard</u> ?

(4) 飲み物はいかがですか。

(like / you / to / would / something / drink) ?

<u>Would you like something to drink</u> ?

4 日本語の意味を表す英文を書こう。

(1) 注文をお願いします。

<u>I'd like to order.</u>

(2) 水だけお願いします。

<u>Just water, please.</u>

(3) ケーキはいかがですか。

<u>Would you like some cake?</u>

(4) いいえ, 結構です。おなかがいっぱいです。((3)の答えとして)

<u>No, thank you. I'm full.</u>

itの特別な使い方

itは「それ」という意味で，Is this a book? —— Yes, it is. などと使われる代名詞だよね。

ところが，itはほかにもいろいろなところで使われる便利な単語。教科書で学習したitについて，ちょっとまとめてみよう。

たとえば，「時刻」をたずねる文でも使われていたね。

　　What time is **it**?（何時ですか。）→教科書p.40

ほかにも，次のようにいろいろなところで活躍していたね。たとえば「季節」。

　　It's winter here.（ここでは冬です。）→教科書p.39

教科書には出てこなかったけど，「…月〜日です」と言う場合にもitを主語にするよ。

　　It is May 5.（5月5日です。）

このように，itは「時刻」「季節」だけではなく「曜日」や「日にち」を表すこともできるんだ。

そうそう，忘れてならないのが，「天候」を表す場合。

　　It is snowing a lot.

　　（雪がたくさん降っています。）→教科書p.108

また，「天候」とセットで覚えたいのが「寒暖」を表す場合。

　　It's hot today.（今日は暑いです。）→教科書p.39

くれぐれもこれらのitを「それ」と訳さないように。